CUNQINGTONG
XINSHIDAI XIANGCUN ZHILI
XINMOSHI

"村情通"

——新时代乡村治理新模式

康晓强 主编

要强化互联网思维,利用互联网扁平化、交互式、快捷性优势,推进政府决策科学化、社会治理精准化、公共服务高效化,用信息化手段更好感知社会态势、畅通沟通渠道、辅助决策施政

人民出版社

责任编辑：茅友生

装帧设计：姚　菲

图书在版编目（CIP）数据

"村情通"：新时代乡村治理新模式／康晓强 主编 . —北京：人民出版社，
　2018.10（2020.10 重印）

ISBN 978－7－01－019841－5

I.①村… 　II.①康… 　III.①互联网络－应用－农村－群众自治－研究－
　龙游县　IV.① D638-39

中国版本图书馆 CIP 数据核字（2018）第 220864 号

"村情通"

CUN QING TONG

——新时代乡村治理新模式

康晓强　主编

人民出版社 出版发行

（100706　北京市东城区隆福寺街 99 号）

北京盛通印刷股份有限公司印刷　新华书店经销

2018 年 10 月第 1 版　2020 年 10 月北京第 2 次印刷

开本：710 毫米 ×1000 毫米 1/16　印张：17.5

字数：298 千字

ISBN 978－7－01－019841－5　定价：69.00 元

邮购地址 100706　北京市东城区隆福寺街 99 号

人民东方图书销售中心　电话（010）65250042　65289539

目录
CONTENTS

第二章 "智"理：
开启乡村治理现代化的"金钥匙" 21

第三章　党建：
　　　　压实智能化治理的"定盘星"　59

第五章　共治：
　　　　铺就智能化治理的"奠基石" `147`

第六章　共享：
　　　　从"最多跑一次"到"跑也
　　　　不出村" `185`

第一章

使命：
走进乡村治理现代化的"新时代"

"方宅十余亩，草屋八九间。榆柳荫后檐，桃李罗堂前。暖暖远人村，依依墟里烟。狗吠深巷中，鸡鸣桑树颠。"从古到今，每个人的脑海中总有一个自己心中美丽的"世外桃源"。乡村是美好的，农民是纯朴的。一方面，人们越来越向往田园风光、诗意山水、乡土文化、民俗风情、农家美食，追求与自然和谐相处的慢生活。另一方面，中国发展到今天，乡村治理存在的问题也越来越困扰着人们。比如，一些村庄空心化、农户空巢化、农民老弱化，有人形容是"三八六一九九部队"，缺人气、缺活力、缺生机；一些村庄"形虽在，神已散"，道德失约，良俗失效，秩序失守，父母不教，子女不孝，邻里不睦；一些基层党组织软弱涣散，村干部队伍青黄不接，少数干部作风不实；等等。如何破解乡村治理现代化中出现的各种问题，成为新时代政府治理面对的一道新的重要"考题"。

第一节　乡村治理现代化的衡量标准

在推进国家治理体系和治理能力现代化的征程中，乡村治理现代化起着基础性、支撑性作用。乡村治理现代化的建构和促发，需要有足够的驱动力，主要有三个方面：一是地方政府的主动探索、持续关注，这是乡村基层社会创新的首要动力，也是关键性推动力；二是乡村经济发展的内在迫切需要，这是乡村治理创新的重点；三是国家宏观战略政策的影响或激励，这是乡村治理创新不可或缺的因素。由以上三个层面促成的乡村治理创新的动力大于阻力，即有足够的创新动力时，才能进入到乡村治理现代化实质创新阶段。通过各地的实践和经验表明，治理主体全民化、治理机制便民化、治理过程民主化、治理结构扁平化、治理运行规范化、治理成果共享化、治理模式智能化这七个方面是衡量乡村治理现代化的重要标尺。

一、治理主体全民化

治理主体全民化是指全民参与乡村治理。农民作为乡村治理的主体，在乡村治理的相关事务中实行自我管理、自我服务、自我教育和自我监督，从而真正实现乡村自治，达到乡村治理善治的目标。

全民化的中心任务是动员广大群众参与乡村治理，而且要自愿地、自觉地、常态化地参与，这样的话，才有善治的空间，否则，最多只是善政而已。培育全民的主体意识，激发群众的内生动力，让群众的切身利益问题得到及时关注，才能达到治理主体全民化的目标。

和平年代，改革是一场革命。国家治理亦如一场没有硝烟的战争。当革命与战争的形势已经改变的时候，其策略、领导方式，也必须跟着改变。当今，社会多元化，网络复杂化，世界多极化，政府如何根据形势所需，有效吸纳、整合、运用各种社会力量，增强制度的弹性、韧性，在风云变幻中建构适用性强和持续发展后劲足的新型治理途径，这对国家的治理能力是个挑战。国家治理如此，乡村治理也是一样，其治理全程都应贯彻这一核心要素。因此，治理主体全民化中的"全民"不仅仅是指全体村民，对象应该是多元的，还包括村民代表、村"两委"、村务监督委员会、乡贤等力量。除此之外，需要依托乡村各类社会组织，从而弥补乡村治理主体力量上的不足。

在乡村治理现代化的过程中，社会组织将会成为新一轮的基层自治载体，它可以有效激发村民的主动性和参与性，并提升村民的自治能力。它通过引导村民参与到组织当中或是激发村民组建各类组织，使原子化的村民重新聚合在一起致力于公共利益的实现，增强村民的话语权与表达权，实现基层群众"齐"参与、"愿"参与、"能"参与、"真"参与的良好局面，呈现乡村治理的新格局和新面貌。同时，也推动村干部、村民代表等多元主体的治理能力和治理水平提升，充分激发乡村基层社会治理的内生活力。

二、治理机制便民化

治理机制便民化主要是指公共服务便民化，即不断完善工作机制，采取针对性更强、覆盖面更广、作用更直接、效果更明显的便民举措，把百姓最关心、最直接、最现实的利益问题，一件一件找出来、解决好，不开"空头支票"，让农民的获得感、幸福感和安全感更加充实、更有保障、更可持续。

公共服务是乡村治理的重中之重，它离老百姓最近，同老百姓生活最密切。抓公共服务也是抓发展，做好公共基础设施、服务与管理等工作，可以增进社会消费预期，有利于扩大内需。当前，我国农村公共服务基础薄弱，而农民对公共产品和服务却有了更高的要求。这一突出矛盾使得农民特别是偏远山区群众无法平等地获得生活、医疗、教育、就业等方面的权利，公共服务均等化享受暂时难以保障。治理机制便民化，就必须把乡村群众放在首位，就是要抓住群众最关心的就业、教育、文化、医疗、卫生、环境、食品安全、社会保障等问题，从实际出发，围绕普惠性、基础性、兜底性民生工程建设与公共服务项目，既尽力而为又量力而行，实实在在地做，循序渐进地推。

治理机制便民化，还体现在乡村治理现代化治理措施的连续性、做法经验的制度化。只有制度化，才有根本性、长期性，才能对乡村治理具有稳定的预期。因此，乡村治理不能仅仅停留在做法层面、经验层面，应该提升为制度、规则和程序层面。

三、治理过程民主化

治理过程民主化是指整个乡村治理过程要体现主权在民或人民当家作主。党的十九大报告指出："我国社会主义民主是维护人民根本利益的最广泛、最真实、最管用的民主。发展社会主义民主政治就是要体现人民意志、保障人民权益、激发人民创造活力，用制度体系保证人民当家作主。人民当家作主是社会主义民主政治的本质特征。"[1]因此，乡村治理现代化，要

---

[1] 习近平：《决胜全面建成小康社会 夺取新时代中国特色社会主义伟大胜利——在中国共产党第十九次全国代表大会上的报告》，人民出版社2017年版，第35—36页。

突出强调人民群众的主体性、自主性。

治理过程民主化，首先，要健全民主制度，丰富民主形式，扩大群众的有序参与，充分保障群众的合法权益。其次，在治理过程中，尤其是要确保群众对选举、协商、决策、执行、监督的有效参与。

治理过程民主化，村务公开是重要方面，要做到信息公开，权力运行透明，通过一系列机制举措为百姓权益解决难处，落到实处，引导农民群众积极主动地介入到治理过程中，充分让人民群众拥有知情权、表达权、参与权和监督权，最终体现人民当家作主。

治理过程民主化，要突出问题导向，针对农村流动党员多、"隐形"党员多、党员干部"进城"多、劳动力外出务工多等现象，既要去老套、去形式，也要去织网、去借力，充分发挥党员先锋作用，加强党组织管理，增强服务群众意识能力，整合社会组织等多元力量，进一步提高乡村治理成效，让"三务公开"真公开，民主决策真参与，群众意见真上达，民生诉求真回应、民主诉求真满意、民情诉求真落实。

邓小平曾指出："把权力下放给基层和人民，在农村就是下放给农民，这就是最大的民主。"① 治理过程民主化，要积极探索村级"民主协商"，通过实时公布村级重要事项、热点问题以及群众普遍关心的问题，接受群众点赞、监督、评议，了

① 《邓小平文选》第三卷，人民出版社1993年版，第252页。

解民情、反映民意、集中民智、珍惜民力，确保决策符合人民利益。

四、治理结构扁平化

治理结构扁平化主要是指乡村治理层级的变革，就是将"金字塔状的管控型治理"传统模式转变为"扁平式零缝隙服务型治理"现代模式，在服务距离上注重的是面对面，在服务态度上倡导的是心贴心，在服务资源上强调的是手牵手，在服务结果上体现的是实打实，在治理理念上变各自为政、各说其是、各行其道的"碎片化治理"为以民众需求为导向的"整体性治理"。

一般而言，传统的乡村管理结构呈现金字塔状的层级结构，是一种以"分部—分层、集权—统一、指挥—服从"等为表征的结构形态，塔顶是最高决策者。高层指令与基层信息之间的上情下达、下情上报须经层层送达。这种层级叠加的管理结构以政府为中心，办事效率低，对社会需求回应慢。而现代的乡村治理扁平化结构，政府是一个主体，企业和社会组织也是主体，治理重心向基层下移，办事效率高，对社会需求回应快，实现政府治理和社会调节、居民自治良性互动。

对于乡村治理运行模式而言，具有明显的时代特征。计划经济时代，以人民公社为核心载体开展政治、经济、生产、生活等活动，有超强的行政方式与手段全面控制乡村社区、汲取社会资源。改革开放以来，乡镇企业应势崛起，市场经济基本形成，中央"简政放权"力度加大，使得基层政府有可掌控与调拨的权力，政府的核心行动逻辑是追求 GDP 的政绩取向。进入 21 世纪，国家宏观战略调整，提出统筹城乡发展，建设新农村的目标，取消农业税费，实行粮食直补，出台新型农村合作医疗等一系列支农惠农政策。于是，乡村治理核心从经济发展单一体转向经济社会生态发展的综合体。

长此以往，基层各级干部自主权的空间犹如被吹大的气球，时间一长，气球便破，金字塔状治理运行模式的弊端也总会逐渐暴露。目标和手段相互冲突，部门之间利益争夺激烈，职能划分混沌，干部权力运行随性甚至任性，造成乡村治理运行失范、秩序失控。

在此情境下，有的地方政府主动自觉探索新模式，使纵向一体化的官僚层级结构逐渐向扁平化的治理结构转型。扁平化的治理结构强调的是务实与协作，追求目标和手段同时"发力"，状态"最优"。通过发达的互联网技术，实现信息的高效传播，组织的有效沟通和协商，从而修复传统乡村治理运行带来的一系列治理困境。

五、治理运行规范化

治理运行规范化是指在乡村治理过程中权力运行的透明、公开、有效。只有行政权力的规范运行，才能避免用公权力去干预村民的自治权利，避免公权力的私人化、人情化。

治理运行规范化，要坚持依法办事。法治，是具有现代化色彩和规范化元素的"因子"，强调的是治理领域的规范、程序、责任，把办事、议事流程用制度的形式规范起来，使群众一清二楚、一目了然，按图索骥、依章办事。治理运行规范化，还意味着一系列政策法规和制度机制的健全，着力构建社会行为有预期、管理过程公开、责任界定清晰的制度架构。

治理运行规范化，需要高度重视乡村普法，积极开展法律法规学习宣传活动，教育培养群众树立法治意识，努力形成"办事依法、遇事找法、解决问题用法、化解矛盾靠法"的法治环境，营造学法、懂法、守法的社会氛围。党政机关要带头依法办事和遵守法律，养成用法治思维和法治方式处理社会问题、协调社会关系、化解社会矛盾的意识与习惯，引导农村群众运用合法手段反映诉求、维护自身权益。

治理运行规范化，要坚持以德治村，发挥地方优秀文化的道德力量和乡贤的精神标杆作用，强化道德在规范社会行为、调节利益关系、解决社会问题中的作用。大力弘扬家庭美德、职业道德和社会公德，努力营造诚信、友爱的社会环境，积极传播社会正能量，实现道德规范对群众行为的软约束。

六、治理成果共享化

治理成果共享化是指全体民众共同分享乡村治理现代化成果。共享发展，就是全体民众共建共治共享的发展，是乡村现代化治理的发展趋向。治理成果共享化是共享发展的具体表现。无论是改革发展成果，还是公共服务在内的乡村治理成果，都必须坚持普惠性、均等化和可持续的发展方向，坚持公平正义，人民群众共同受益、共同分享。共享需要共建，共建需要共治，共建、共治是为了共享。没有共享就实现不了公平正义，没有公平正义，共享就没有实际意义。只有在社会公平正义的前提下，才能激发共建动力，达到共治目的，提升共享水平。为此，在乡村治理现代化进程中，需要创造公平正义的社会环境，保证人人平等参与、平等发展权利，提供人人尽力的机会、让人人普遍受益，才能有效促进共享发展。

从宏观角度讲，共享是资源共享、成果共享，实现公共福利均衡化与公共利益最大化。从产品角度讲，有精神产品，有物质产品，可以让全国各地乃至国外游客分享这个地方的山水、空气、风情、文化，等等。

强调"治理成果共享化"这一乡村治理现代化衡量标准，是坚持共享发展等五大发展理念的应有之义，也是坚持发展为了人民、发展依靠人民、发展成果由人民共享，作出更有针对性的行动安排，为的是进一步带动发展活力，增强发展后劲，最终实现农村全面建成小康社会的宏伟目标。

七、治理模式智能化

治理模式智能化是指在乡村治理现代化体系中，由智能化支撑起乡村治理大舞台。随着"互联网＋"的兴起，大数据时代的到来，人们的生产生活方式将发生巨大的变化，也必将给乡村治理带来根本性的影响与变革。从国家层面看，国务院已经出台了相关大数据指导意见和行动纲要，这标志着我国将从顶层设计上在不断适应大数据时代的要求进行战略部署。从农村移动互联网普及程度看，农村信息基础设施不断改善，智能手机的移动性和易用性，开启了人们用数据观察大千世界、用数据服务小"我"生活的新时代，包括手机价格上的持续走低，使农村移动互联网网民数量逐年攀升。根据中国互联网络信息中心第 41 次《中国互联网络发展状况统计报告》，截至2017 年底，我国农村地区互联网普及率达到 35.4%，农村网民占比为 27%，规模为 2.09 亿。

治理平台智能化主要体现在三个方面：

其一，有利于乡村治理主体的素质提升。互联网是一个信息大平台，对亿万网民个体而言，其在上面获得信息、交流信息，这会对他们的求知途径、思维方式、价值观念产生重要影响，使他们对国家、对社会、对工作、对人生的看法产生深刻影响。对民众这一乡村治理主体而言，互联网能够对他们进行技术赋权，扩大他们的政治参与，能够直接且有效回应公众意见、诉求，促进民众参与乡村治理能力与水平的提升。

其二，有利于提高基层政府的工作效率。当前，基层干部信息化工具往往形成"两头堵"：一方面，条条线线推出的应用系统直通到基层一线，一个乡镇"赋权"使用的系统多达

30 余套，另有大量单一服务工具类 APP 纷纷上线，造成手机"功能堵"；另一方面，信息系统不够"深入基层"，网络"信号堵"，造成基层干部实际应用程度不高。另外，农村特别是偏远山村的信息化普及率较低、大量中青年人口外流，造成基层组织动员能力下降。尤其是在面对突发状况，电话不通、广播不响的情况下，需由党员干部一家一户上门做工作，耗时费力、效率低下。因此，依托智能化平台，能在网格层面聚集条线服务，承担信息化工具"超市"职能，让党政机关、群团组织、企业等管理服务资源"一掌式"面向群众，大幅度提升工作效率，为百姓提供更多便利。

其三，有利于实现乡村治理决策的科学性和准确性。目前乡村治理存在"治理碎片化"和"信息碎片化"等问题。"治理碎片化"就是乡村"各人自扫门前雪"，权责不明晰、职能资源不整合、治理渠道不畅通造成的治理困境。"信息碎片化"就是不同信息主体之间"不相往来"，仅为了各自目标对各自信息进行生产、加工、传播、存储，庞大的信息源没有"架起互助共赢的友谊桥梁"，造成使用、利用、应用天地小且格局小，影响乡村治理的有效性。而治理平台智能化，一方面能推动"互联网＋政务服务"，将多个部门的服务资源整合入平台，将相关公共服务信息电子化、掌上化，互通有无、信息共享；另一方面，打破"信息孤岛""信息壁垒""信息鸿沟"，使政府部门具有更强劲的决策力、更敏锐的洞察力。

第二节　我国基层治理智能化的实践探索

当前，互联网和信息技术已经渗透到了人类生活的各个领域，特别是随着智能手机的普及和智能化应用的开发，使人们对外界事物的感受、认知、互动发生新的变化，进而影响着人们的思维方式、行为模式，为基层治理带来一系列新的课题。2015 年发布的《国务院关于积极推进"互联网+"行动的指导意见》中提出"积极探索公众参与的网络化社会管理服务新模式，充分利用互联网、移动互联网应用平台等，加快推进政务新媒体发展建设，加强政府与公众的沟通交流，提高政府公共管理、公共服务和公共政策制定的响应速度，提升政府科学决策能力和社会治理水平"。全国各地围绕这一命题积极开展实践探索，涌现出一批典型范例。

一、福建省厦门市"农事通"模式

该模式通过农民邮箱整理农民的手机号码信息，以行政村为单位建立分组，每个分组设立一个控制中心，由村委会主任收集筛选有效的商业信息或内部活动信息，之后以短信形式转发给每一位村民。通信费用以村为单位进行收缴。该模式的特点在于，村民因日常忙于劳作，受时间、地域、环境等因素影响，对外界信息的获取、筛选、甄别能力十分有限。通过以村为单位对部分信息进行前期整合、筛选后统一发布，避免了高流量短信和垃圾短信现象，打通了农户获取有效信息的快速通道，可以应用于村务发布、活动通知、农产品销售、防灾减灾、安全提醒等多个领域。信息流通具有单向性，农民只能被动接收短信，如果针对某一特定事项有反馈意见或具体需求时，需要另行联系，导致办事过程冗长，效率低下。同时，村委会主任承担繁多的集体日常事务，往往没有精力及时发布信息，导致时间滞后。

二、上海市宝山区"社区通"模式

该模式是基于移动互联网的"一站式"掌上服务平台，其内容涵盖了社区公告、党建园地、办事指南、议事厅、左邻右舍、警民直通车、家庭医生、物业之窗、业委连线、公共法律服务、邻里交流、社区服务等多功能板块，整合了多个职能部门、群团组织和社会力量资源。每个社区设置不同的二维码，居民只要通过微信扫码，经过"实名认证"即可注册成为用户。注册成功后，居民能够通过"社区通"与社区党组织互动交流、反映情况、表达诉求，并针对不同的板块功能咨询问题、获取信息、享受服务。该模式在职能部门、基层组织和广大群众间搭建起桥梁，在服务型政府建设、基层党组织建设和加强居民自治等方面发挥了积极作用。据统计，"社区通"上线后一年内，已解决群众关心关切的问题 3.5 万余个。该模式具有一定局限性。首先，"社区通"以居民区党组织为核心，以居委会为主导。对于上海这个高度发达的地区来说，拥有相当成熟的社区管理经验和强大的社工力量，能够提供人、财、物等全方位保障。这些硬件限制导致该模式对于广大经济欠发达地区特别是农村地区，很难进行复制。其次，"社区通"主要服务于城市社区，尽管针对农村特点专门开设"村务公开""乡愁乡音"等板块，但对于精准扶贫、农产品销售、农业技术推广、村庄规划建设这些农民更加关注的事项没有涉及。

三、杭州市江干区"i 江干"模式

杭州市江干区采取网格化管理模式，将全区 144 个村社统一划分为 540 个网格，1600 名社工以及楼道长、党员、民警、社会组织等全部编入网格，明确由两委班子担任网格长。在此基础上，利用"互联网 +"技术，建立区、街两级综合治理指挥平台，设计开发"i 江干"手机 APP，涵盖网格问题信息采集、网格问题流转、身份证扫描，以及社区事务处理等一系列功能，并通过"一线采集、链式服务、兜底管理"的工作模式，对网格上报的各类问题统一受理、分层分级处置，基本实现了平安综治"数据资源整合共享、业务运行融合归并、公共服务综合集成"。但是，该模式的落脚点是通过大数据信息化平台为全区基层安全作保障，而基层治理的其他方面，例如群众办事诉求、基层党员管理、信息发布公开等就不能通过这个平台来解决。换句话说，这种智慧化的治理方式局限于社会治理的安全领域，不能全面地解决群众的其他问题。

四、基于微信群建立的"掌上社区"模式

此外，全国各地也有各种形式的"掌上社区"。如陕西省宝鸡市岐山区、江苏省南京市栖霞区、福建省福州市仓山区等地推进"掌上社区"模式，该模式的基本运行逻辑是：社区党组织、居委会主导，协同驻区单位、物业和社区组织以及社区居民，依托微信群、微信公众号等移动互联网平台，在线治理社区事务，提升自治能力。该模式通过在线沟通、互动、回应等方式处理"群"内的社区事务，将以往线下很难做到的大规模动员、中青年参与、社区内居民资源共享、驻区单位协助办理社区事务等，在线上一一实现，能够获得大多数居民的认同和点赞。通过"掌上社区"，对建立社区居委会声望，提高社区服务办事能力，协商处理公共事务，促进多元化主体参与社区治理等提供了便捷高效的通道。但这些模式也有其局限性。首先，"掌上社区"存在许多线上交流的共性问题，如"潜水"

大多数、团体极化、群内言语冲突、发无关广告信息、话语霸权和垃圾信息等问题，且还没有统一模式的解决方案。其次，微信群只是一个互动交流的工具，基于微信群建立的"掌上社区"，虽然能满足用户获取信息、发表意见等"说"的需求，但无法满足用户资料查询、办事申请、问题反馈等诸多"事"的需求，大量文字、图片、语音的滚动发布，加上居委会工作人员、派驻单位人员上线的不确定性，成为该模式不得不面对的现实问题。

综观全国，各种智能化基层治理模式都是结合各地特点探索发展出来的，形式各异、极富地方特色，都在各自的基层治理中发挥重要作用，提高政府办事效率，帮助更快更好地解决民生问题。但是，大多数的智能化治理探索集中在"智慧城市""智慧社区"层面，乡村智能化治理的探索仍是相当大的空白。

小 结

农村基层是党执政兴国的根基所在。推进乡村治理现代化，不仅有利于自身治理的改善，更服务于国家治理的现代化。我国幅员辽阔，不同区域因经济、社会、文化等多元差异，导致现代化发展水平程度不一。但是，广大农村地区承载着千百年中华文化的历史积淀和最直接、最迫切的民生需求，这是最大的共性议题。推进乡村治理现代化，需要从群众根本需求出发，把握乡村社会的发展规律，寻求最佳的结合点和突破口。本章秉承这一思路，将乡村发展的阶段性特性与时代特征相结合，罗列出乡村治理现代化的七大衡量标准，通过对比分析我国目前基层治理智能化的各种探索实践，引出加快乡村治理智能化发展这一时代命题。

思考题 ▸▸▸

新时代的乡村治理有何特点？

第二章

"智"理：
开启乡村治理现代化的"金钥匙"

习近平总书记指出:"要更加注重联动融合、开放共治,更加注重民主法治、科技创新,提高社会治理社会化、法治化、智能化、专业化水平,提高预测预警预防各类风险能力。"*"村情通"的诞育,充分体现了社会治理智能化的"智"理趋向。有效发挥信息化技术在乡村治理中的积极作用,对形成有效社会治理、良好社会秩序,具有重要的价值。

* 中共中央文献研究室编:《习近平关于社会主义社会建设论述摘编》,中央文献出版社 2017 年版,第 135 页。

第一节　"村情通"的缘起

乡村治理作为国家治理的重要组成部分，是实现乡村振兴战略的基石，是实现农村现代化目标、贯彻新发展理念、解放和发展农村生产力的有力保障。加强乡村治理，能有效激发实施乡村振兴战略的动力与活力，最大限度体现人民意志、保障人民权益，有助于形塑共建共治共享的良好格局。

一、乡村治理成长中的"烦恼"

随着社会经济的不断发展和生产力水平的提升，原先相对封闭、单一的乡村社会变得更具开放性、复杂性、多元性，随之也带来了基层组织核心作用发挥难、发动群众不及时、民生诉求渠道单一、村民自治平台缺乏等诸多问题。

（一）基层党组织核心作用难以发挥

当前，随着各项改革的不断深入，社会矛盾日益凸显，农村民生诉求、民主诉求、利益诉求等大量涌现，做好群众工作的任务越来越重、难度越来越大，基层党组织的核心作用显得尤为重要。但从实际情况来看，目前农村党建因为缺乏有效抓手和具体载体，存在不少困难与问题：党组织对党员管理不到位，缺乏凝聚力、战斗力；农村流动党员多、"隐性"党员多、党员干部"进城"多等"三多"现象相当普遍，部分农村党员长期外出务工或经商，组织关系在村里，人却游离于党组织之外，存在去向难掌握、活动难开展、管理难落实、党费难收缴、作用难发挥等"五难"现象，党员的先锋模范作用难以发挥。党组织服务群众能力不强，与新时代群众服务工作存在不少差距。

（二）村情民情信息掌握难

由于现代化进程的加速，传统的农耕生产生活方式已淡出人们的视线，干农活从"户挑担""扛牛耕"变成了"拖拉机""收割机"，农业生产率大大提升。同时，随着土地改革的推进，一些农户将土地流转给种粮大户，农民"洗脚上田"走出农村，村情民情的动态信息掌握更加困难。此外，取消农业税之后，过去乡、村两级干部走访农户催缴农业税的常态已经改变，走访农户、了解民情多半还是停留于文件要求层面，没有真正落地。加上村里缺少从事村情民情档案调查记录专门人员，大多数社情民意仅存在村干部的印象中。随着村级组织三年一换届，档案消失等问题普遍存在，村干部不了解村情动态、不掌握农户信息已成为常态。

（三）偏远山区群众办事难

大多农村地区离城区集镇路途遥远，尤其是偏远山区，交通出行条件差。山区群众文化程度普遍不高，获取信息渠道较少，加上部分办证办照审批事项多，办事流程繁琐，群众一次办不成，来回跑是常事。如大力山村，地处县城最北端，海拔900多米，共20个自然村，每个自然村比较分散，到乡政府所在地约需要45分钟，到县城则需要一个半小时左右。村民进城办事一般由村支书代办服务而且一件事情跑多趟也是常有

图 2-1　地处县城最北端的大力山村

之事，群众办事极不方便。据初步统计，20多年间，大力山村村支书先后用坏了4辆摩托车，总行程将近50万公里，可以绕地球12圈，被村民称为"跑腿书记"。

（四）基层群众参与治理难

时代在发展，社会在进步，电视、手机、网络的普及，带来信息传播的巨大变化。农村群众在关注搞好自家生产的同时，对参与村庄管理、加强村干部监督、表达个人意见等民主诉求越来越强烈。与此同时，少数村干部出于个人目的，故意为村民参与村级治理设置种种障碍，农村群众与村干部之间的"鸿沟"越来越大。基层群众参与乡村治理的桥梁和纽带出现"裂痕"，群众参与自治的平台、载体的搭建非常迫切。

（五）农村群众动员组织难

农村群众特别是山区群众居住分散，以往家家户户的有线小广播已经被有线电视取代，加上村内多为留守老人、妇女、儿童，遇上灾害天气等突发状况需要组织动员村民转移，多以人工上门通知的传统形式为主，与及时动员转移群众、保障生命财产安排的工作要求差距甚大。如庙下乡，地质灾害（隐患）点有10处，监测重点户近20户，每逢汛期，山区风化残坡积土体滑坡、崩塌、泥石流等危害极有可能发生。为此，该乡专门组建15名地质灾害监测员，做到日常每周一次巡查，汛期不间断巡查，并建立汛期非常时期的24小时值班制度。

同时，还要组织村"两委"干部、巡查员分组逐一入户宣传预警，在地质灾害点设立警示牌，不仅耗时费力，而且效率十分低下。

二、上下需求中蹦出"金点子"

乡村治理过程中碰到的一系列难题，不仅困扰着基层组织和基层干部，也是国家高层关注的重点议题。习近平总书记指出："要强化互联网思维，利用互联网扁平化、交互式、快捷性优势，推进政府决策科学化、社会治理精准化、公共服务高效化，用信息化手段更好感知社会态势、畅通沟通渠道、辅助决策施政。"① 浙江作为全国经济强省、改革先行区，在社会综合治理方面敢于先行先试，致力改变传统治理模式，主动适应新时代基层治理和群众工作方式转型的新特点，推进基层治理创新。浙江省委、市委主要领导多次提出，要大力推进社会治理体系和治理能力现代化，努力建设平安中国示范区，全力打造中国基层治理最优城市。龙游县对基层治理高度重视，县委书记、县长、县委副书记多次召开基层治理专题会，提出要朝着"三民工程"智慧版、"枫桥经验"升级版、基层便民服务超市版、村级自治移动版和群众精神家园现实版的目标打造

---

① 中共中央文献研究室编：《习近平关于社会主义社会建设论述摘编》，中央文献出版社 2017 年版，第 134—135 页。

特色亮点、构造样板模式。正是在上有要求、下有需求的情势下，在"天时地利人和"条件兼备下，张王村党支部书记袁平华根据本村实际情况，酝酿形成"村情通"初级版，为乡村治理现代化的创新性探索提供了参考。可以说，"村情通"的开发应用，是顺势而为、应运而生，是上下互动形成的必然产物。

袁平华原本是东华街道办事处的一名普通干部，长期在农村工作，有较丰富的基层工作经验。2013 年 12 月，街道党工委为了加强张王村的管理，将他调任到张王村担任村支书。甫一上任，想找点资料了解情况都非常困难，因为除了会计账本外几乎没有什么有价值的资料，只能通过挨家挨户串门走访搜集村情民情。由于是"下派干部"，村民大多用怀疑的眼光敷衍应对。加上村民对党支部失去信心已久，掌握真实的村情民情面临诸多困难。

沟渠边的垃圾刚清理了又成堆；公开栏里刚贴的财务公示又被撕；村民的投诉电话不断打来；街道不断打来电话告知有村民上访需要平息，正准备赶过去发现停放在村委会的车让人给刮划了……面对一团糟的局面，凭借扎实的农村工作经验，他逐渐厘清思路，决定从党员干部队伍抓起，带领村干部深入农户家中与村民面对面沟通、心贴心交流，查找存在的问题。调查发现，最关键的症结还在于村民和村干部之间信息的不对称，不仅村民对村里的大小事项不清楚、不明白，村干部对村民的动态信息、诉求反映掌握也不及时、不全面。于是，一个想法在脑子中一闪而过：现在，村民大都用上了智能手机，玩起了微信，能不能开发一款软件，在村干部与村民之间搭建一个交流互动的平台，彻底解决信息不公开、不对称的问题？2016年2月，他画了一张草图并向从事软件工作的朋友寻求技术支撑，渐渐地有了软件的初级形态。这款软件的定位基于智能手机上的一个工具或客户端，通过它村民就能随时随地知道村里的大小事。

"2016年第三季度的低保从6月1日起至10日开始办理，请符合申报条件的农户带上身份证、户口簿，在外务工的请带上收入证明到王华处填写申请表。"2016年6月5日，张王村的第一条村情动态信息发布，当日浏览量就达280余次。这款软件包括"党员先锋""村情通知""'三务'公开""亲情网格""民情档案""评比栏""宣传学习""村民信箱""平安建设""红黑榜""村规民约"等11个板块。其中，"民情档案"只有村干部才能查看，其他板块村民随时都可浏览使用，而且可以实现在线实时互动。

第二节 "村情通"的演展

"村情通"的雏形在张王村起到了立竿见影的效果,同时也引起县、乡两级的高度关注。在上下共同努力下,"村情通"从一个惠及张王村200余户的小软件,经过不断改进升级,逐步覆盖全县所有的行政村。

一、小村庄的"大试验"

为了让老百姓对这个软件有更加直观形象的认识,袁平华给它取了个名字——"村情通",主要包含两层意思,首先是希望村民对村里的大小事情都知晓,其次是希望干部对村里的社情民意都知晓。通过最大限度地公开村里的大小事项,消除原先因为信息不对称而产生的种种矛盾。

不断优化内容结构,增加了"美丽乡村"等板块。该板块包含随手拍和"二维码"扫码评分功能,既方便村民实时实地反映问题,也方便工作人员卫生评分。此外,将原有的"平安建设"升级为"平安服务"，新增"全科网格""12345""计生办理"等外接栏目，"最多跑一次"改革（浙江省 2017 年初推行的一项重点改革，是指群众和企业到政府部门办理行政审批或者政务服务事项，在申请材料齐全、符合法定的情况下，通过"最多跑一次"就能把事情办好）从这里开始实现向村级延伸。

在"村情通"刚开始推广使用时，并没有得到所有村民的支持。比如，垃圾分类、家庭卫生"红黑榜"板块使用初期，在检查村民环境卫生保洁工作中看到一户庭院脏乱糟杂，就拍了实景照片上传到"黑榜"曝光。没过多久，这家大姐就急匆匆赶到村委劈头盖脸大声嚷嚷，质问为什么要把她家照片放上"黑榜"。村干部打开"村情通"上的"红榜"，一家一户指给她看，让她对比下别人家的庭院卫生，并告诉她如果傍晚之前整理干净了，就把照片从"黑榜"撤下。在"村情通"使用初期，这样的小故事不胜枚举。

只要是从群众的根本利益出发，最终都会被大家接受。随着一些问题的解决，"村情通"慢慢被村民们喜欢上了。一位村民想为其 80 多岁的公公办理精减退职人员生活困难补助待遇资格认证，在"村情通"上看到了相关介绍，抱着试试看的心理在"村情通"上发布信息，没过多久，村干部就上门收集材料及时帮忙到相关部门代办好了。这位村民非常开心地说："有了这个'村情通'真是太方便了，遇到困难我在上面去反映下，村干部马上就知道，还上门来帮我办事！"

事实证明，"村情通"对基层党建、村务公开、村务管理、便民服务等进行信息化管理，成效是显著的。这个曾经信访不断，常有村民来村委会拍桌子吵闹的村庄，已经发生了翻天覆地的变化，村民邻里之间关系和谐了，村民荣辱感增强了，村庄变得更美丽了，从"后进村"一跃成为"标杆村"。

以前的张王村

现在的张王村

图 2-2　张王村的昨天和今天

二、在全县域“遍地开花”

借助“村情通”里的“红黑榜”“评比栏”等功能，张王村的村容村貌发生深刻变化，在全县也是小有名气。2017年4月，由15个乡镇街道17个试点村的党员干部参加的全县美丽乡村现场会在该村召开。借此机会，袁平华介绍了“村情通”的来龙去脉、应用情况以及取得的成效。

参加现场会的县委领导听完介绍后，对“村情通”这一务实管用的村务治理工具高度认可，认为这是推进基层治理创新的有效突破口：“‘村情通’这个工具接地气，搭建了基层干部与老百姓之间的桥梁和纽带，把这块工作做好，真正到边到底，我们就能打通基层治理‘最后一公里’的‘神经末梢’！”

（一）竞赛活动助力推广

在对“村情通”进行充分调研论证的基础上，从2017年6月开始，全县分4期开展了“村情通”推广工作培训会，标志着“村情通”从张王村一个村逐步辐射到全县所有的行政村。为营造比学赶超良好氛围，美丽乡村共建共享暨“村情通”推广竞赛活动在全县范围内轰轰烈烈开展。

推广竞赛活动以行政村为单位，以党员教育、垃圾分类、“三务”公开、社情民意收集反馈等为切入口，对“村情通”群众参与度、互动度、关注度、活跃度等指标进行排名，以此助推其推广应用。同年7月底，"村情通"已覆盖县域全部行政村、10万余名干部群众，基本实现1户有1人以上参与。

当年，此项推广竞赛活动共举行了四轮，每一轮比赛表扬了排名前二十的"红榜村"，通报了排名末十位的"黑榜村"，奖优罚劣，且每轮评比规则都在前一轮基础上得到优化。通过竞赛活动的有力助推，截至2018年5月22日，全县40.4万人口中，"村情通"关注用户达22.14万人，占农村总户数（13.31万户）的166.34%，每户至少有1人关注；实名认证13.21万人；日均登录人数1.5万左右；累计处理事件约2.4万件，群众诉求90%以上在村内得到及时解决。

（二）"村情通＋全民网格"创新治理

"村情通"代表着先进技术，"网格治理"代表着制度安排。在推广"村情通"的应用实践中，始终坚持"技术＋制度"，做好"村情通＋"的文章，把"网格治理"从多个部门的多种网格整合成一张"全科网格"。"全科网格"依靠各专职网格员，走访网格内村民、收集民情、代跑代办、处理事务等。

随着"村情通"的普及，村民逐渐成为"共建共治共享"的主要力量。通过"村情通"平台"村民信箱""协商民主""网上约办""随手拍"等板块，村民可以随时随地参与村庄事务治理、评议和监督村干部、及时表达意见和建议，也可以实时曝光环境污染、矛盾隐患、平安建设等问题。这些板块功能的完善，使得每一个村民都自发成了"网格员"，实现人人都是网格内的信息员、情报员、宣传员。"全科网格"迅速升级为"全民网格"。比如，官潭村村民反映有人无故损坏公共卫生用具，并长期无人治理。网格员收到信息后，立马前往现场查看并通知保洁员进行清理，及时上传了清理后的图片。

图 2-3 人人都是网格员

浙江省政协领导在带队实地调研"村情通"运行情况后，予以充分肯定和高度评价，认为"村情通"通过"互联网+"的思维和手段开通了为民、便民、利民的"直通车"，形成了掌上化、信息化、扁平化的服务模式，是基层社会治理方式的一项创新。省政府领导在实地调研"村情通"后作出批示："村情通"的做法实质是利用互联网技术实现了社会自治、共治，是基层社会治理模式的创新，具有推广价值。

"村情通"的做法先后被《人民日报》《半月谈》《浙江日报》等主流媒体报道。由于"村情通"的有效实践，在2017年全

图2-4 《人民日报》要闻版报道"村情通"

省"平安三率"调查结果中，龙游县位列衢州市第一，其中群众安全感满意率高达 98.24%。

三、从 1.0 到 2.0 的"升级"

（一）1.0 版本：初步实现网上互动

2016 年 6 月 5 日，随着张王村第一条信息"2016 年第三季度的低保办理开始受理"的发出，历时三个月研发而成的"村情通"1.0 版本正式进入村民视野。

在"村情通"的 1.0 版本里，村民使用手机端应用程序登录，通过查看"'三务'公开""村民信箱""村规民约""村情通知"等 11 个板块，村里各种信息一目了然。如"村情概况"里有农户住房情况及人员信息；"村民信箱"里有村民反映的问题和提出的建议；"'三务'公开"里有财务、村务、党务等相关信息；"平安建设"里有 10 名巾帼志愿者和全村 262 户妇女群众的网格信息；"村情通知"里有上级部门督查指导垃圾分类的反馈情况等。而"一长三员"（网格长、网格指导员、专职网格员、兼职网格员）则用电脑来控制后台数据库，回复处理信息，并为村干部和村民设置不同权限，通过手机实时查询信息。由是，村民的疑问和想法有了倾诉的途径，干部了解村情有了第一手来源，"村情通"为村干部和村民搭起了沟通桥梁。

图 2–5　"村情通" 1.0 版本界面

（二）2.0 版本：整合办事模块

在全县推广应用后，有村民反映在应用程序的安装使用上存在不便。2017 年 7 月，注册了"村情通"微信公众号，将原先 APP 上的内容全部转移到微信公众号中，并根据村民意见对"村情通"再完善，开始了 2.0 版本的进阶之路。

2.0 版本在 1.0 版本的基础上，接入了"最多跑一次"改革的办事模块，计生服务、公安微警务、农商银行普惠金融、不动产申报、出租房申报等业务，初步实现了"指尖办事"。同时，新增了"网上约办""精准帮扶"等功能：村民想要办事或者咨询，通过"网上约办"随时随地可以用语音联系网格员或村"两委"。网格员和村"两委"在手机上能即刻收到约办信息，实现实时接收、实时处理。"精准帮扶"包含各部门、群团组织和社会组织的助残扶贫项目，村民可以查询是否符合各类助残扶贫项目的申请资格，在手机上即可直接申请。网格员或村"两委"收到申请后，需在 7 日内完成上门初核并答

图 2-6 "村情通"2.0 版本界面

复，将业务上传给相关部门进行处理。为了方便"一长三员"的工作，"村情通"在原来的微信端、PC 端的基础上增加了钉钉端（钉钉是一个智能移动办公平台）。网格长、网格员、村"两委"随时可以在钉钉端查询本村的办事指数、活跃指数等，所有回复、审核等工作均可在钉钉端完成。"村情通"和"四个平台"（指综治工作、市场监管、综合执法、便民服务平台）实现了有效对接，村一级已处理和无法处理的事件均可通过"村情通"一键上报，大大提高了工作效率。

第三节 "村情通"的基本架构

一、"村情通"的总体框架

"村情通"系统硬件服务器架设在政务云端，并使用安全可靠的服务器软件和数据库保证系统访问的稳定，同时应用网

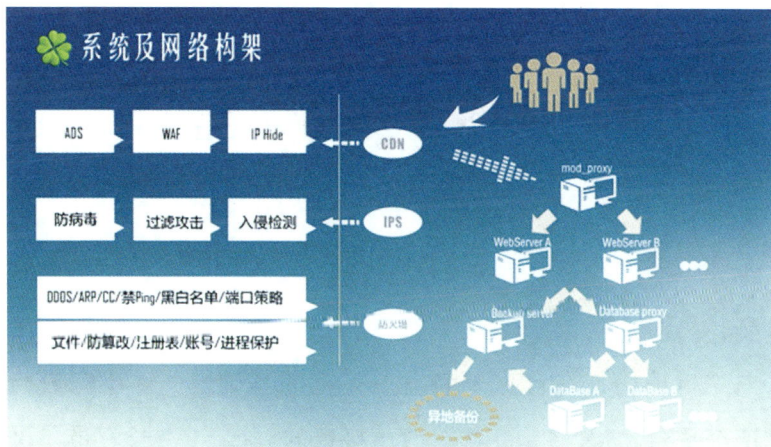

图 2-7 "村情通"系统网络安全构架

站应用级入侵防御系统和访问地址隐藏技术，并部署入侵防御系统和硬件防火墙，保证网络访问的安全和服务器安全。在数据备份方面，"村情通"对数据库定时异地备份，确保系统在遇到意外时数据不丢失。

在端口设计上，"村情通"包括微信端、钉钉端和 PC 端等三个端口。三个端口各自扮演着不同的角色，发挥着不同功能，从各个方面、各个角度体现了"村情通"基层治理、便民服务作用，力图做到乡村基层治理和便民服务全方位、无死角。

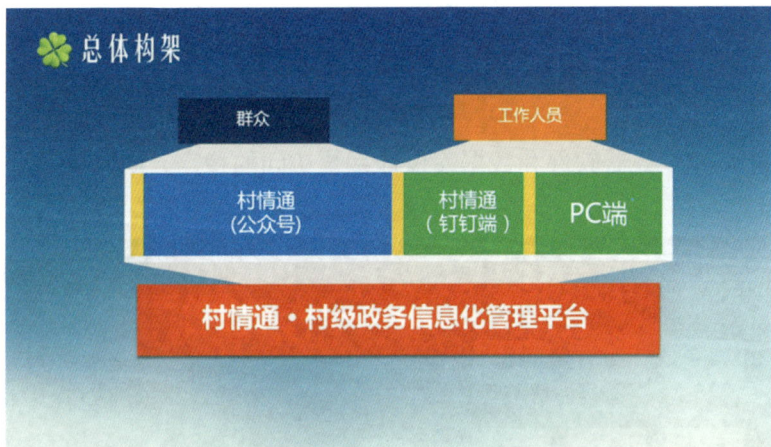

图 2-8 "村情通"系统总体构架

"村情通"在自身不断发展完善的基础上，逐步完成与"四个平台""最多跑一次"改革接口的对接。"一长三员"可以通过"村情通"将村一级和乡镇一级无法处理的事件一键上报"四个平台"，村民可以通过"村情通"实现"在线办事、指尖办事"。村庄治理逐渐实现"小事不出村、大事不出乡"，不仅大幅度减少了群众办事东奔西跑的来回折腾，也极大提高了各部门和"一长三员"的工作效率，推进了基层治理和便民服务的"大融合"。

二、"村情通"的三大构件

（一）微信端

微信端主要面向广大群众，包括村内常住和外出务工人口，助推县内和县外群众多方面、多角度对村庄事务的了解和参与。同时，体现了村内党员的自我管理和自我监督意识，初步实现了"离家不离党、流动不流失"的基层管理机制。

微信端页面主要包含首页、党员先锋、美丽乡村、平安服务四大板块。

首页板块展示"村情通"基本构架。"导航"含村"两委"成员、协商民主信息和各类问卷活动信息的公示，涵盖村级治理体系所需要的基础架构。

党员先锋板块展示党员活动、学习等风采。设"本村党员""最新活动""积分排行"等栏目，县委组织部对党员实行考评"零基积分法"，每月1日将上级精神、时代先锋学习课件上传到"村情通"，并设定学习时限和学分。党员登录后可

图 2-9 "村情通"首页

以随时随地通过手机学习，并获得学习分。通过参加各类实事活动获得活动分、好事分，党员的积分实时排行公示。群众可以看到全村党员的活动及积分排行，可以点赞评议。党员的表现一目了然，有效激活了基层的"红色细胞"。

美丽乡村板块图文并茂展示公共环境农户卫生状况。主要包含"随手拍""红黑榜""排行榜"等功能。一旦村民随时随地"随手拍"上传反映脏乱差现象或破坏环境行为，网格员的手机会立即收到"报警"信息，第一时间组织人员进行处理。

这样，人人成为巡查员，脏乱差无处遁形，实现了群众自治。村卫生监督小组成员每月定期不定期对村民庭院环境开展明察暗访，每次督查后各选部分"整洁户"和"不整洁户"，在"红黑榜"中公布，有利于农户间相互监督。每户实行二维码评分制度，村卫生监督员通过手机扫一扫村户的二维码，就可以对其卫生状况进行评分，并当场拍照附说明。每户的得分在排行榜中实时显示，排行榜成为环境整治的一面"镜子"，并在村民中形成比学赶超的良好氛围。

平安服务板块内设"全科网格""群防群治""12345"等相关单位部门模块。"全科网格"公示全科网格组成构架，让村民了解办什么事该找什么人。"群防群治"及时发布辖区治安动态，宣传各类安全知识和普及防范常识，增强村民公共安全意识。此外，"12345"对接公安、卫计、便民服务中心、农商银行等相关部门，实现事项网上受理，尽量让村民"最多跑一次、跑也不出村"。

（二）钉钉端

钉钉端主要包含首页、村务、党建、洁美、平安等五个板块，主要面向"一长三员"和村"两委"成员。"三务"公开、村情动态发布、村民信箱回复、网上预约处理，村民信息录入、党员实事审核等事务的处理，全部集中在钉钉端。通过钉钉端办理业务极大地提高了办事效率，原来需要一个月办理的事项现在只要几天甚至几个小时就可以完成，真正实现了沟通

"零距离"。

(三) PC 端

PC 端主要面对的是县综合信息指挥中心和乡镇（街道）的综合信息指挥室，主要功能是对后台数据进行统计、汇总和分析。通过 PC 端能够实时了解各乡镇的关注人数、实名认证人数、活跃指数等宏观数据，不仅实现了上级对"一长三员"、村"两委"等办事人员工作的实时监控、监督，也实现了对各类数据的精准精确分析，为优化基层治理和公共服务提供大数据参考。

第四节 "村情通"的运行逻辑

"村情通"通俗易懂、操作便捷，老百姓关注微信公众号"村情通"即可使用。县乡村各级"村情通"管理员层面，在钉钉端本地应用板块下建有"村情通"管理后台，并在电脑后台建有 PC 端管理页面，便于操作管理。在当前智能手机和微信使用普及的情况下，"村情通"科学合理有效管用的运行逻辑，是其发挥积极作用的核心纽带。

一、基层党组织核心作用"牛鼻子"的引领

"治理有效"是实现乡村振兴的内在要求。村庄治理是我国治理体系中最关键、最基础也是最难的层级。农村基层党组织的领导核心作用发挥好不好，直接影响到整个治理体系。但实际上，农村基层党组织的领导核心作用发挥不够充分的现象仍然存在：基层党员先锋模范作用发挥不充分，党组织凝聚力、向心力下降；服务群众意识不强，有的甚至形同虚设，处

于"空转"或瘫痪状态；在基层民主选举过程中，存在贿选、拉票等不正之风；农村基层干部队伍建设力量薄弱，与国家治理体系和治理能力现代化还有不小差距。

"村情通"牢牢抓住村党员队伍建设这个关键性少数。通过设置"党员先锋"板块，内设"主题党员""最新实事""党员学习""党建指数"等栏目，实现了对全体党员的"一榜统管"。每月初，县委组织部管理员统一将上级精神、时代先锋学习课件上传到"村情通"，结合实施党员考评"零基积分法"，合理设定学习时间和学分。党员通过个人账号密码登陆后，随时可在手机上学习并获得相应积分。同时，各村结合本村党员实事考评细则，定期不定期组织开展各类活动。党员通过参加活动并上传活动图片，获得相应的活动积分。村民可参与互动，自主决定对某个党员办实事情况"点赞"。每位党员所获群众的"点赞"积分，在"党建指数"栏内形成排行榜。全村党员的积分排行情况村民群众都能看到，党员干好干坏、干多干少，在这里变得一目了然，有效促进了党员创先争优。

"村情通"有效发挥了实时监督作用，破解基层党组织核心作用发挥难问题。"党员先锋"的党员"积分榜"实时公开积分排名、积分来源，并鼓励群众点赞和监督，破解党员村干部监督弱、流动党员教育管理难、无职党员参与村庄治理难等问题，实现三类党员"一榜统管"，强化村级党组织核心作用发挥。其中，党员村干部、无职党员通过参与专项工作、重点项目、晒工作、办实事获得积分。流动党员在线反馈组织生活、干实事等情况，实现"流动不流失、离家不离党"。目前，全县 10153 名无职党员、1855 名外出流动党员纳入"积分榜"管理。通过"村情通"，主题党日党员参与率从 60%提升至90%，群众对村党员发展、预备党员转正等认可度明显提高。

同时，借助"村情通"，把党的政治优势转化为农村基层治理的领导力。比如，由村支书担任网格长推进网格治理，实现"网络＋网格""线上＋线下"良性互动。正是因为发挥了"互联网＋"优势，有效推动了基层党组织核心作用的发挥，切实发挥了基层党组织的"牛鼻子"引领作用。

二、基层治理"神经末梢"的畅通

行政村是我国基层治理的"最后一公里"。传统的村庄治理模式，实行的是党支部领导下的村民自治。乡镇层面主要通过向行政村派驻干部指导村级组织工作，作为县级及以上层面则对村级各种动态后知后觉。"村情通"的开发应用，打通了基层治理的"神经末梢"，有效解决了基层治理的盲区。

"村情通"高度整合的信息系统，其"神经元"直接触及每个党员干部、每位村民，"最后一公里"的"神经末梢"得以打通。基层民生诉求通过"村民信箱""网上约办""随手拍"等板块汇集、聚拢。县综合信息指挥中心对超过 3 天未回复邮件及时进行督办。村级组织在解答或办理村民的这些意见诉求时，处于全程监督之下。按照事权不同，村级组织对不能解决的意见诉求，可在系统内上报乡镇综合信息指挥室，对于那些属于县级部门处理的事项，则交由县综合信息指挥中心处理。

同时，"村情通"发布各类涉农政策和事项，村民只要打开手机就可随时查看。目前，依托"村情通"建立健全网格走访巡查制度，常态化巡查防火防汛、地质灾害等重点安全隐患，高频走访困难群众，做到"基础信息不漏项、社情民意不滞后、问题隐患全掌控"，实现下情上情第一时间互通，各类信息第一时间共享，村庄具体信息动态及时精确掌握，基层治理的"神经末梢"得以充分激活。

三、"扁平化"组织结构的建构

行政组织体系是行政管理活动的载体。离开合理有效的行政组织体系，就无法开展公共治理活动。我国的行政组织体系，传统是自上而下的"等级式"管理构架。具体就县域而言，其等级为县委县政府—相关部门—乡镇—行政村，这种管理模式往往导致层次重叠、信息传递慢、决策效率低。

过去，道路破损、违章建筑、环境污染等这些"看得见的管不着、管得着的看不见"的现象在基层治理中屡见不鲜。"上面千条线，下面一根针。"乡镇作为最基层的行政组织，负责辖区内的政治、经济、社会、文化、教育、卫生等各方面工作，但现行法律、法规所明确的行政处罚权和行政审批权多在县一级，乡镇缺乏相应执法权限。与尚未下沉的权力对应的，却是日益繁重的"责任"清单（劳动监察、卫生、行政执法、食品安全、治污治乱……）。

"村情通"模式突破了"等级式"组织结构中上下级组织和上下级领导之间的纵向管理模式，集民智、凝合力、聚人心，促成建构起干部力量大融合的"扁平化"布局，实现了干部力量下沉、资源整合下沉，基层力量得到大大加强。到2017年12月，全县各部门、乡镇派驻人员从275人增加至784人。网格内部人员构成不断丰富，职责分工更加明确，工作重心和力量进一步下沉，实现了部门、乡镇从各自为政向统筹联动转变，切实提升了基层治理能力和基层行政效率。同时，随着"县综合信息指挥中心＋乡镇综合信息指挥室＋'四个平台'＋全科网格"的基层治理体系的构建，一个职能清晰、权责统一、功能集成、扁平一体、便民高效、执行有力的基层治理体制和运行机制逐渐成型。

四、全体村民齐参与"全民网格"的形塑

以前，只有乡镇、村干部单打独斗，进村入户、解决问题全靠党员干部的"单核"驱动，村民参与不进来（没有载体）、也不一定想参与（没有意愿、精力、能力），因此往往是干部说破了嘴皮、磨破了鞋底，结果还吃力不讨好，村民的事情办不好，该解决的问题拖而未决。

推行"村情通＋网格治理"，通过创新乡镇和部门派驻干

部"组团驻村"机制，以派驻干部为核心力量，以全科网格"一长三员"为骨干力量，以各类群团组织、社会组织、村民为基础力量，变"全科网格"为"全民网格"，使治理资源得到最佳配置，实现了治理关口前移。

"从群众中来，到群众中去"是我们党群众路线的基本方法。加强乡村治理，须臾离不开群众的自觉参与。依托"村情通"，发动村民利用"随手拍"实时曝光脏乱差、矛盾隐患、平安建设等问题，通过在线"红黑榜"实时监督庭院卫生、垃圾分类，变"要我保洁"为"我要保洁"，通过创新"三务"公开形式把涉及群众的重要事项在线发布，解决群众参与决策和监督问题。实践证明，"村情通＋全民网格"，促成了全体村民齐参与的"全民网格"治理新格局，有效破解了农村群众参与治理难的问题。

五、部门事权大整合"网上超市"的落地

以往，关涉农民生产生活的事权审批、办理的部门繁杂，"多跑一趟、跑冤枉路、奇葩证明"等问题依然存在，农民普遍感到办事难、难办事。"工欲善其事，必先利其器。"基础夯实自可聚沙成塔，力量凝聚才能功到渠成。现代化的乡村治理，要把"部门事权整合"作为打通基层"最后一公里"的突破口。

"村情通"的建构与建设，对各项涉及农民的事项审批及

服务部门事权进行梳理，做到梳理一批上线一批，并把部门事权整合纳入平台，方便村民按需选择办理事项，切切实实成为了部门事权的"网上超市"。目前，"村情通"接入了户籍办理、计生办理、不动产办理等政务审批服务，工会、团委、妇联、残联等群团组织的帮扶解困项目以及农商银行信用贷款等金融服务。通过网格化治理服务，让党政、群团、企业等管理服务资源扁平化面对群众，实现农民办事自主选择、按需点单，并实现"在线办事、指尖办事"，如同在淘宝上购物一般方便快捷。同时，针对农村空巢老人、留守儿童等重点群体的需求，通过部门派驻人员、乡镇干部与"一长三员"及时掌握并让其得以满足。

六、农民办事"跑也不出村"梦想的成真

"办事难"是群众反映强烈的问题。有时候村民办户口、开商店、批宅基地证等"小事"都需要长途跋涉到乡镇或县城办理，对于偏远山区的村民，办事难度可想而知。

"村情通"通过发挥"每村一网点"的线上线下协办优势，破解了农民办事难的难题。"村情通"创新"网点＋网格"代办模式，村村建设网上代办服务点，建立干部跑、数据跑、物流跑"三跑"机制，推行专职网格员、代办员线上线下协办服务，专门负责接受群众和企业咨询、求助以及其他无法实现"最多跑一次"的事项。又如，推出一批"零审批""零跑

腿""跑一次""全代跑"事项清单，打通"村情通"服务模块与浙江政务服务网数据接口，依托网格指导员、专职网格员等服务队伍，帮助网格内的群众"在线办事、指尖办事"。又如，"村情通＋微警务"项目的开通，积极解答各类网上咨询，成功办理户政、出入境证件等多项业务，网上预审材料使得村民办事效率得到了极大提高。

目前，全县 326 项行政审批服务类事项绑定了快递业务，实现办事快递送达"村村覆盖"。户籍办证、生育登记等农村群众常办"10 件事"实现"指尖办事"，解决了农村尤其是山区群众办事门难找、跑路远、环节多、手续繁等突出问题，实现基层行政服务"最多跑一次"，极大提升了群众满意度。实践证明，"村情通"不仅提升了基层治理的信息化水平，而且提升了基层公共服务水平。

七、民情档案"一机查询"的实现

随着经济的快速发展和改革的深入推进，乡村社会结构发生深刻变化，对基层党组织的执政能力提出了新挑战。只有摸透吃准社情民意、掌握民情档案、了解群众所需所盼，才能对农村的不稳定因素做出准确把握和精准研判。不少地方虽已建立民情档案数据库，但都不同程度存在民情资料不全、不实，信息收集、内容更新不及时，使用不方便、查询困难等问题。通过"村情通"，实现民情档案大数据"一机查询"，破解农村民情信息掌握难的难题。

各乡镇以村为单位，建设"村情通"民情档案库，将最"接地气"的户籍、土地、住房、务工、村务等 40 余项信息电子化、掌上化，县乡村分级管理、动态更新，让乡村干部做到民情、户情、村情"三知"和基础信息、问题隐患、矛盾纠纷、从业就业、违法犯罪、较大事件"六掌握"，实现"云服务"到户、到人，真正成为农村干部群众"用的来、用得着、喜欢用"的村情民情信息库。

目前，专职网格员通过走访巡查，动态更新"互联网＋建民情档案"，及时更新率在 95% 以上。群众机动车违法、新生儿重名、高速实时路况、社保缴费等信息实现"一键查询"。村务管理提速提效，2017 年村社换届中，"村情通"应用村选民清单确定时间从以往的 3 天减至 3 小时，准确率 100%。

八、传统村落文化"大家庭"的复归

农村传统村落以血缘、地缘为纽带维系，整个村子的人互相熟悉，甚至血缘交融，村民之间知根知底、彼此亲近、联系紧密，大家感觉生活在一个"大家庭"里。随着时代的变迁、社会的发展，越来越多的人选择进城求学、打工、经商，虽是一个村的，但彼此联系慢慢少了。同时，随着新农村建设带来的日新月异的变化，偶尔回村的寓外人士更觉得家乡变得陌生了，原本浓烈的乡愁乡思也逐渐淡化。

"村情通"以村为单位，在网上把大家凝聚在一起。只要是同个村的，通过关注"村情通"微信公众号并经实名认证，不论是在千里之外为事业打拼的奋斗者，还是在异地他乡为生活奔波的打工者，抑或在外求学的游子、寓外的乡贤，都能第一时间掌握老家的最新动态，了解父老乡亲的生活状况。可以说，"村情通"使大家能共同参与到家乡建设中来，使乡情更浓、亲情更亲、友情更长，使乡村传统村落文化"大家庭"得以复归。

小 结 ▶▶▶

用好一颗子，激活满盘棋。一项创新打破困局，小小的"村情通"打通了基层治理与服务的"最后一公里"，架设了民情民意的连心桥，探索出一条共建共治共享的乡村治理新路子，有力推动了基层群众"齐"参与、"愿"参与、"能"参与、"真"参与、"常"参与，实现了"六大变化"：一是"人少到人多"的变化。参与基层治理的力量从少到多，"政、民、企"多方参与，实现干部力量下沉、资源整合下沉，基层力量得到大大加强。二是"做少到做多"的变化。村"两委"、党员上网晒实事、晒活动从少到多，做给群众看、帮着群众办、带着群众干的主动性明显提高，群众主动参与、自我管理、共建共享的意识明显增强。三是"知少到知多"的变化。党员干部掌握的社情民意从少到多，针对性服务更强。村民掌握政策动态、村级事务、干部干实事从少到多，参与村治理的积极性更高。四是"跑多到跑少"的变化。网格员代跑、代办明显增多，群众"跑腿"现象明显减少。五是"网多到网少"的变化。通过网格整合，将原来 15 大类网格整合成一个"全科网格"，实现多员合一、一员多用。干部群众使用的网格、APP从多到少，网格服务更加优化、功能更加完善。六是"事多到事少"的变化。村级层面上报到县乡层面的事情从多到少，治理信息实现全民归集，村级组织运行更加透明规范，基层自治成为"第一道防火墙"，真正实现"小事不出村、大事不出乡"。实践表明，"村情通"是"枫桥经验"在新时代的坚持与发展，使传统网格化管理搭上了"互联网+"的快车；是"三民工程"的智慧版，搭建了民情沟通的坚实纽带；是基层自治的手机版，使村民能更广泛参与到村庄治理中来；是精神家园的现实版，筑起了村民全天候、不间断保持沟通联系的桥梁。

思考题 ▶▶▶

智能化为何是乡村治理现代化的重要方向？

第三章

党建：

压实智能化治理的"定盘星"

中国共产党是中国特色社会主义事业的领导核心。坚持党对一切工作的领导，既是中国特色社会主义最本质的特征，也是中国特色社会主义制度的最大优势。因此，推进乡村智能化治理，党建引领是核心。"村情通"的实践过程，就是党建引领这条红线贯穿到底的过程。

第一节　供给侧改革：党建引领智能化治理

党的十九大报告提出要不断提高党的建设质量，把党建设成为始终走在时代前列、人民衷心拥护、勇于自我革命、经得起各种风浪考验、朝气蓬勃的马克思主义执政党。要实现这个目标，党建必须正视乡村治理智能化的趋向，以供给侧改革为切入点，高效整合利用供给端资源，有效引导需求端的诉求，从而推动党建与时俱进，更好动员、团结、服务群众。"村情通"就是在这样的大背景下，通过移动网络技术支撑，构筑起掌上智慧党建体系，满足基层党员群众的多样化、个性化需求，从而引领乡村治理智能化有效发展。

一、从区域党建到全民党建

通过充分发挥"村情通"智慧党建的平台作用，从最初辅助建设党建"盆景"，到数据共建党建"风景"，最后实现共建共治共享的党建"风尚"。

(一) 区域党建 1.0：打造"盆景"

中国共产党之所以能成功领导中国人民取得革命、建设、改革一个又一个伟大胜利，与高度重视加强自身建设、做好基层党建密不可分。党的十八大以来，不少地方把党建示范点作为提升基层党建整体水平的重要抓手，通过典型的示范、辐射和带动，有效促进基层党建全面进步。

从 2014 年开始，龙游县确定每个乡镇建立 1 至 2 个村党支部精品。2015 年 6 月，国家级生态村——大街乡贺田村、省级农房改造示范村——溪口镇石角村被列为全国农村基层党建工作座谈会的现场观摩点，得到了中央组织部和参会代表的高度评价。

(二) 全域党建 2.0：形成"风景"

习近平总书记深刻指出："农村工作千头万绪，抓好农村基层组织建设是关键。无论农村社会结构如何变化，无论各类经济社会组织如何发育成长，农村基层党组织的领导地位不能动摇、战斗堡垒作用不能削弱。"[①] 各地通过示范点以点带面、以个体带动整体的实践，使区域党建逐步向全域党建扩展，变"盆景"为"风景"，变"一点红"为"一片红"。

---

① 中共中央文献研究室编：《十八大以来重要文献选编》（上），中央文献出版社 2014 年版，第 125 页。

随着全域党建的推进，党建数据共建共享成为迫在眉睫的问题。"村情通"的使用，打通各"盆景"间的壁垒，加快党建数据的共建共享，有效促进基层党建工作的全面提升，将全域党建推向新的阶段。至 2017 年底，全县形成了 5 个示范区、

图 3-1　基层党建"双整"精品示范区、示范带

5 个示范带，实现了党建精品全覆盖。

（三）全民党建 3.0：引领"风尚"

党组织凝聚党员，更要服务群众。"村情通"实现了党员与党组织的及时互动，形成了互看、互学、互比的浓厚氛围。同时，通过"+农村党建""+民情档案""+民情联络""+民情驿站""+民情沟通"等，拓展了乡村社区党群服务中心功能，形成涵盖党建、生活、文体等内容的网络综合服务阵地，使基层党组织充分发挥联系群众、动员群众、组织群众、服务群众的桥梁和纽带作用，密切了党与群众的血肉联系，群众参

图 3-2　通过"村情通"观看乡党代会

与党建工作的积极性日益增强，全民党建蔚然成风。

二、从有限覆盖到无限覆盖

随着网络信息技术的发展，信息、思想、文化传播途径日益增多，意识形态领域面临前所未有的挑战。国内外各种敌对势力借机用西方的意识形态、思想文化、价值观念"抢滩登陆"，力图腐蚀党员群众的思想，达到西化、分化的目的。"村情通"的实践证明，党建工作在新时代完全可以依托智能化抢占思想阵地、掌握意识领域的主导权。

（一）对象全覆盖

从区域上，以往因地形交通不便的偏远地区党员和因人口迁移形成的流动党员、"口袋"党员、"隐形"党员是党的思想建设难以覆盖的对象。如今，依托"村情通"建立党员电子档案、党员"积分榜"等形式，有效促进了偏远地区、流动党员与党组织的联系。从年龄上，部分青年党员存在理论知识认知粗浅、马克思主义理论素养薄弱等突出问题，部分老党员存在学习动力不足、面临困境退缩、信仰缺失等现实问题，"村情通"将他们作为思想建设的重点对象，运用量化考核办法强化青年党员和老党员的教育。同时，将党员管理全部列入"村情通"公开模块，使党员置身于全体村民的关注之下，倒逼党员自觉发挥先锋模范作用，增强了基层党组织的凝聚力和战斗力。

图 3-3   通过"村情通"观看"时代先锋"远教视频

(二) 端口全覆盖

长期以来，党的思想建设的宣传端口主要依靠报纸、杂志、电视等传统媒体，随着时代的发展，其传播的单向性、载体的有限性、内容的滞后性已无法满足需要。另外，传统思想建设的学习端口，以文字宣传、面对面授课等为主要形式，难以满足党员群众全天候、全域性学习的需求。加上宣传端口与学习端口两者之间缺乏互通互动的功能，使得思想阵地存在较大的盲区与死角。针对上述问题，"村情通"运用"主流媒体＋自媒体"模式，将宣传和学习两个端口彻底打通，实现了传统媒体与新媒体的融合，推动思想建设由单向扁平模式向在线互动立体化模式转型；实现了内容统一安排与学习时间自主安排的融合，弥补了远教站点点播、有线电视远教入户等无法移动学习的不足。

（三）内容全覆盖

只有理论上的清醒才能有政治上的清醒，只有理论上坚定才能在政治上坚定。以往的党建学习平台，内容相对单调，讯息更新慢，且多以文字为主。"村情通"依托大数据、云存储等技术对资源进行有效整合，建立涵盖党的理论知识、党的历史知识、基本国情、文化积淀、民族历史等内容的庞大数据库，以文字（电子书）、图片、图表、动画、视频等便利方式满足党员群众智能化、个性化的学习需求。不仅如此，"村情通"依托信息网络技术可不断更新特点，能够随时更新新事物、新知识、新理论、新观点，实现学习的持续性，引导党员群众以全面的客观的发展的眼光认识中国、认识世界。特别是在新时代，"村情通"对党员干部深入学习马克思主义中国化最新成果，增强对党的政治认同、思想认同、感情认同起到了巨大推动作用。

（四）形式全覆盖

以往，农村思想宣传多以支部召集党员集中开会学习为主，形式单一，党员之间基本没有互动，学习效果不甚理想。2013年，习近平总书记在全国宣传思想工作会议上强调："根据形势发展需要，我看要把网上舆论工作作为宣传思想工作的重中之重来抓……宣传思想工作创新，重点要抓好理念创新、手段创新、基层工作创新。"[①] 通过运用"村情通"，创新"O2O（线上＋线下）"形式，实现在网络上开展民主生活会、民主评议党员、"两学一做"学习教育、"三会一课"等活动，通过互联网技术创新实现了宣传思想工作创新。

三、从"墙上"党建到"心里"党建

党建需要宣传，通过将党建的相关工作张贴于"墙"，公布于众，能够让党建更加阳光、务实、有效。实践证明，通过将党建知识上"墙"，使之图文并茂呈现，融党务与文化于一体，能够让党员群众在耳濡目染中感受到党的凝聚力、亲和力。当然，在党建上"墙"的过程中，应力避"上级布置、下级制牌、挂在墙上、双眼不望"的形式主义。"村情通"通过

---

① 中共中央文献研究室编：《习近平关于全面建成小康社会论述摘编》，中央文献出版社2016年版，第105—107页。

智能化手段实现了从"墙上"党建向"心里"党建的转变，使基层党建工作真正落到了实处。

（一）营造氛围：党建上"墙"

在"村情通"探索初期，结合"两学一做"学习教育活动有计划、分步骤提升党建示范工作，鼓励通过展板、墙绘、橱窗宣传党建知识，重点抓了一批党建精品示范区和示范带建设。

（二）使命意识：党建入"心"

通过"村情通"在线实现党员实事积分考核，建立党建责任"一表一卡一清单"，将党建工作信息化、精细化，驱使党的基层组织及党员不仅能够办实事，更要主动办好事、办成事。一方面，"村情通"依托其互动性特点，引导党员从思想上意识到自己所担负的重要使命，主动解决群众反映的问题，自觉从内心深处服务群众；另一方面，党建智能化的公开性、透明性让党员的一切工作在阳光下，使党员办事做到从群众需求出发，在工作中更具人性化，用群众的语言进行沟通，让党说的话温暖人心、做的事有人情味，让群众感受实实在在的真情，从而实现乡村柔性治理、增强乡村凝聚力。

（三）引领自治：党建扎"根"

进入新时代，我国社会主要矛盾已转变为人民日益增长的美好生活需要和不平衡不充分的发展之间的矛盾，这要求我们必须坚持以人民为中心的发展思想，不断促进人的全面发展、全体人民共同富裕。新王村饶某在外地通过"村情通"办理了生育登记；严某通过"村情通"牵线搭桥谈成了"飞鸡"养殖项目……"村情通"实施以来，诸多村民真真切切感受到它的魅力。这种党建智能化用"充实＋真实"编织成了一张生动管用的民情"网"，将党建真正做到群众心里。

从在支部墙上看得见，到落在党员心里面，再到走进百姓心中，党建工作彰显出无限魅力。

四、从"传统"静态到"在线"动态

改革开放以来，我国互联网和信息化工作取得了显著成就，网络走入千家万户，网民数量世界第一，网络开辟了党的群众路线的新空间。习近平总书记深刻指出："网民来自老百姓，老百姓上了网，民意也就上了网。群众在哪儿，我们的领导干部就要到哪儿去，不然怎么联系群众呢？"①随着市场经济体制改革的深化，乡村党员就业方式日趋多样化，大量党员自主创业、进城务工，党员结构发生深刻变化。这种结构的变迁，导致基层党组织所能主导的乡村辖区领域的社会空间遭受挤压，依托村级党组织建构的社会认同度和整合力日渐减弱。

---

① 《习近平谈治国理政》第二卷，外文出版社 2017 年版，第 336 页。

比如，一些乡村的组织生活会到会率偏低，甚至不到一半，因而基层集中开展的"三会一课"、远程教育等都不同程度受到到会率低的影响。有鉴于此，"村情通"通过网络走群众路线，将党支部建在了互联网上，实现在线管党治党，起到了严肃党内政治生活、强化党内监督、密切党与群众联系的作用。同时，通过党建引领，发挥基层党组织在乡村治理中的领导核心作用，实现在现实世界与网络世界的"双重世界"中加强与群众联系。

（一）在线实现党员量化考核：破解党员教育"走过场"

党员是党的肌体的细胞。党要管党、从严治党必须落实到党员队伍的管理中，使党员平常时候看得出来、关键时刻站得出来、危急关头豁得出来。[①] 依托"村情通"，以"零基积分法"为依据建立党员"积分榜"，引导党员将参与"三会一课"、主题党日、专项工作、重点项目等情况及时上传，由平台自动生成相应积分并实时公开积分来源、积分排名等情况，全面接受群众监督。

"零基积分法"设置基础分为"0"分，采取正向加分和反向减分相结合的方式。正向加分项包括学习分、活动分、好事分、实事分、网格管理分五类，视党员参加学习、活动、

---

① 《习近平论如何做合格的共产党员——十八大以来重要论述摘编》，载《党建》2014年第7期。

做好事实事和网格管理情况予以赋分。反向减分项包括党员自身存在违规情况，不支持、不配合各级党委、政府中心工作，阻挠重点工程、重大项目推进等情形，视情节轻重予以减分。实行"月度积分、季度评星、年度亮指数、末位警示"的动态管理模式进行考评，让党员得的每1分都"抓铁有痕"。

"村情通"不仅有自动生成积分、显示排名的功能，还有大数据分析的功能，可为党组织制定活动提供依据，从而增强组织活动的吸引力。比如，全面推行主题党日"5+X"模式，即围绕党员学习教育、基层民主议事、党员走访联系、为民服务奉献、党内民主评议等5项规定主题的基础上，结合自身实际，创新"X"特色主题。此外，"村情通"可以分析、显示本村党员的性别、年龄、学历结构、居住地以及职业等信息。党组织根据数据分析结果，制定符合党员个性化需要的学习教育内容。运用"村情通"后，全县农村党员主题党日活动参与率从60%提升至90%。同时，"村情通"还将"零基积分法"结果与"先锋红卡"工程相结合，强化了积分的实效。党员"先锋红卡"工程将党员惠民卡、党员健康卡、党员学习卡三卡合一，将党员评星与"先锋红卡"的红利相挂钩，党员星级评定越高，就能得到更多的政策优惠，实现了党建成果共分享，有效调动党员的争先创优的积极性。

（二）在线实现村组织"定级"评价：破解基层党组织"软弱散"

从基层情况来看，一些基层党组织软弱涣散甚至瘫痪，一些基层党组织形同虚设，落实"三会一课"制度不严肃、不认真、不经常的问题还没有得到很好解决。[①]"村情通"采用"三分定级"法，明确要求各党支部将"三会一课"、支部主题党日、"三务"公开等情况定期上传，以量化积分的形式在线评定党组织的"堡垒指数"。

"三分定级"法以月度为单位，每月通过基础积分、正向加分、反向减分三部分得出党组织"月度积分"，具体即设置月度基础分10分，由各基层党（工）委按照"党建责任卡"制度有关规定，基层党（工）委每月制定下发的"党委党建月卡"，布置本月党建重点工作任务，并结合工作难易程度以百分制总分合理设置各项工作任务分。月底按照工作任务完成情况予以赋分。对在基层党建重点任务落实、急难险重任务完成、党建示范点培育、典型经验总结推广等方面完成好的予以正向加分；对班子软弱涣散、党员管理松散、制度执行不力、矛盾纠纷突出、村干部违法违纪等现象的在扣除基础分的基础上予以反向减分。"三分定级"实行"月度积分、季度评星、

---

① 中共中央文献研究室编：《习近平关于全面从严治党论述摘编》，中央文献出版社2016年版，第36页。

年度亮指数、末位警示"的动态管理模式进行考评。

在"村情通"的日常运行中，上级党组织通过即时监管查看上传内容可直接了解该党支部执行制度严不严、开展工作实不实，并及时发现和解决苗头性、倾向性问题。上级党组织可及时对执行"三会一课"、主题党日等基本制度不到位的党支部进行提醒并要求整改；对年度得分较低被评为软弱落后的基层党组织，由乡镇党委进行诚勉谈话并上报县委组织部备案，大大加强了党委的掌控力。

（三）在线实现村民与村组织互动：破解党组织服务"两张皮"

我们党来自人民、植根人民、服务人民，一旦脱离群众，就会失去生命力。运用"村情通"进行乡村治理，就是坚持以人民为中心，以群众满意为标准，以结果为导向，从群众的点赞和反馈可以更加直观形象地体现党组织和党员的工作实绩，倒逼基层党组织加强党员教育管理，做到抓常、抓细、抓小，提升基层党组织的组织力。其一，它是一个互动式的治理平台，在线公示党组织和党员工作实绩的同时引入群众"点赞"反馈，党员干好干坏一目了然，群众的鼓励更激发了党员争先创优的意识，形成了党群之间的良性互动。其二，它是一个全员监督的平台。通过"村民信箱""随手拍"专栏，不仅对村干部也对村民的不良行为进行曝光，这就使村干部和村民更加自律，村干部不敢有丝毫马虎大意，村民也更遵守公德。截至

2018年2月，"村情通"共发布党员干部学习32.2万次、活动1.7万条，事件处理共计2.1万件，获得点赞18.3万余次，实现"离家不离党、流动不流失"。全县近千个党支部每年开展活动平均达17次，确保月月有活动，村级基层组织的吸引力、凝聚力、号召力、战斗力明显增强，群众对村级党组织和党员的认可度明显提高。

案例 3-1 "村情通"使问题得到高效处理

2017年9月14日清晨6点03分，三和村"村情通"管理员收到村民通过"村民信箱"反映该村白马自然村存在2处窨井盖缺失问题。6点05分管理员及时作出"将尽快前往处理"的回复。由于窨井盖更新修复属于生活污水基础设施问题，无法由村"两委"自行解决，需专业人员前来处理。因此，由村网格长向乡政府工作人员汇报。6点07分，乡政府联系了负责生活污水设施建设的施工方。上午8点30分，施工方工作人员到场查看。10点58分，施工方将新的窨井盖安装到那两处窨井口上。11点30分，管理员通过"村民信箱"将处理结果向村民进行了回复。从"窨井盖去哪了"到"窨井盖修好了"，村民通过"村情通"反映的这个问题，仅用一上午就得到了妥善解决。

第二节 "三民工程"智慧版:党建引领智能化治理的创新探索

"三民工程",指的是 2009 年在衢州全市村(社)推行"建立民情档案、定期沟通民情、为民办事全程服务"的制度,得到了中央的高度肯定。习近平同志在 2010 年对"三民工程"作出"它寓管理于服务中,寓监督于参与中,推进了基层民主政治建设和农村经济社会发展"的重要批示。"村情通"通过将支部建在平台上、党小组建在网格上,线上线下同步管好村"两委"、党员、村民代表三支队伍,堪称"三民工程"智慧版。

一、村情通+建民情档案:实现信息共享"一盘棋"

"三民工程"为农户建好档案,目的是形成大数据基础,然后通过对数据的分析推进政府决策科学化、社会治理精准化、公共服务高效化。然而,原来的民情档案都是纸质材料,存在管理难、查找难、存储难、遗失率高等问题。随着信息化

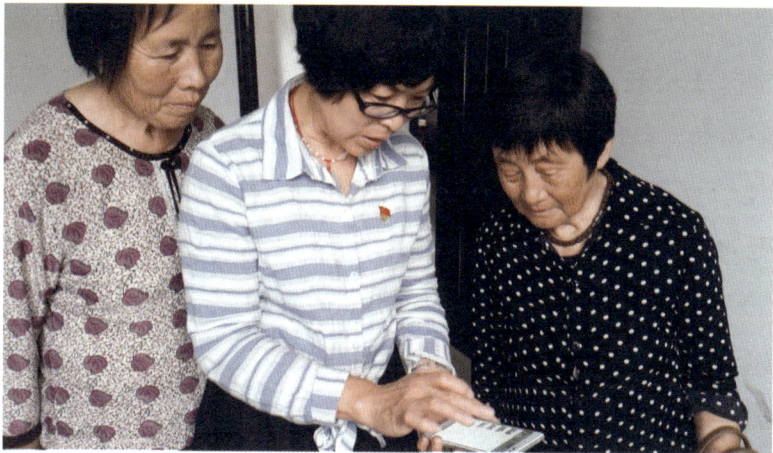

图 3-4 网格员运用"村情通"更新民情信息

时代的到来，人民迫切需要更加方便、快捷、高效的"掌上"民情档案库。

（一）村民信息完善从"要他填"变"我要填"

党的十九大报告提出"要善于运用互联网技术和信息化手段开展工作"[①]。针对原来"三民工程"民情档案建设存在的数据收集难、群众不配合等问题，"村情通"通过互联网技术和信息化手段，打通与"三民工程"的数据系统，对接国土、规划、公安、民政等有关部门实现非涉密信息资源共享，实现了资料录入从"单兵作战"向"多头联动"的转变。

[①] 习近平：《决胜全面建成小康社会　夺取新时代中国特色社会主义伟大胜利——在中国共产党第十九次全国代表大会上的报告》，人民出版社2017年版，第68页。

　　比如，公安部门的户籍信息、出租房申报，政法部门的网格信息、重点人员信息，民政部门的困难群众信息，住建部门的不动产办理服务、农商银行服务、"12345"热线、"12306"网上购票以及政务服务等涉及群众切身利益的事项，群众都会主动填写。而在"村情通"上申报民政的临时救助、工会的职工帮扶、团委的圆梦助学、妇联的来料加工、残联的无障碍设施等帮扶救助服务，群众也都非常乐意填写个人信息。通过各部门之间的数据互通，最终汇总成"民情档案"。这一过程变"要他填"为"我要填"，使"民情档案"数据变得真实、生动。同时，结合"村情通"后台数据，分批分类有计划集中更新纸质民情档案并建立定期更新机制，对现有"三民工程"档案资料由专职网格员每半年至少集中更新一次，确保"村情通"版民情档案库村情一单不缺、户情一家不漏。

　　"三民工程"民情档案建设，通过"村情通"互联网平台还降低了原来档案整理的人工成本，破解了原来信息采集错误率高、纸质档案保管费用大、数据统计效率低等问题。同时，民情档案大数据的形成，又倒逼相关部门在网格层面集成条线服务，让党政机关、群团组织、企业等管理服务资源扁平化面对群众，实现数据共享并向基层一线延伸服务，从而为老百姓提供最接地气的服务。比如，模环乡模环村有个村民在务工求职信息中填写了个人信息，同时又分别在国土部门农村建房申请、残联残疾证申请时填写过其他相关的个人信息。通过"村情通"的数据共通，他的"民情档案"就自动生成了。相关部门发现他的困难情况，乡政府在年终的时候就对其进行了困难慰问。当他收到政府的年终慰问金时，既意外又感动，不停地说："感谢党，感谢政府！"

（二）社情民意互动从"长拖延"变"即时办"

过去，"三民工程"民情档案数据是通过专人采集、一次性后台导入，存在一定的滞后性，这在很大程度上影响到政府对社情民意的精准判断。现在，"村情通"通过网络的即时互动性有效解决了"民情档案"收集整理的"滞后性"问题。对于群众的基本信息，通过定期集中排查、专兼职网格员走访巡查等举措，及时在线更新"民情档案"，实现"云服务"延伸到户、到人。实践表明，通过"村情通"构建群众"用得来、用得着、喜欢用"的村情信息库，既实现了乡村干部对民情、户情、村情的了解和掌握，又避免了社情民意因"长拖延"而引发、生发的社会矛盾。比如，2017 年 9 月的一天，杜山坞村网格员在上门走访巡查过程中发现一名精神障碍患者有胡言乱语的情况，立即将该情况第一时间通过"村情通"上报给乡管理员。乡管理员受理后联系卫生院医生中午上门查看，发现该患者已停止服药，病情复发，及时送诊治疗。

"村情通"重视上情下达的即时性。通过"政策文件"栏目，群众可及时了解党政部门可公开的政策文件。同时，"村情通"上设置了紧急信息一键发布功能，在紧急情况下，县、乡两级可以第一时间"一键发布"特殊情况预警信息。比如，在 2017 年汛期，通过"村情通"的"村民信箱""随手拍"等模块收集预警、救灾信息累计 150 余条，实时发布降雨信息和村民注意事项 80 余条，组织各类巡查 2344 人次，大大提高了应急处置效率，确保了无重大安全事故的发生。

（三）基层信息数据从"各管各"变"一体化"

以往，涉及公民基本信息的归公安系统管理，涉及民生信息的归民政部门管理，涉及住房、土地承包的归国土、规划部门管理……为了完成一份完整的"民情档案"，要到 10 多个部门去查询。基层信息数据"各管各"，不仅影响了行政效率，也造成了数据资源的极大浪费。

通过在线构建"村情通"民情档案库，打破了原来部门之间的"数据"壁垒把"接地气"的村务公开，户籍、土地、建房、务工等 40 余项信息电子化、掌上化，分级管理、动态更新，真正实现了信息的"一体化"，极大提升了基层治理的数字化水平。"指头动，民情尽显。"正是因为数据共享，使原来纪检、公安、法院、计生、银行等互不交流的信息可以相互比对、验证，极大提高了工作效率。

在确保数据库正常使用的前提下，进一步完善民情档案数据汇总、统计分析、分类排查等功能，结合"一月一沟通"定期开展民情分析，既提高了档案利用率，又强化了基层治理的针对性。通过"云计算"分析民情档案信息，能够及时掌握当前群众的关注点，更好地为政府决策提供依据，使资源、力量有针对性地进行倾斜，从而实现政府服务与群众需求的无缝对接。

二、村情通 + 定期沟通民情：搭建党群交流"连心桥"

基层既是产生社会矛盾的"源头"，也是疏导各种矛盾的"茬口"。当前基层产生的社会矛盾，无论其表现形式多么复杂多样，就其性质而言，绝大多数还是人民内部矛盾。依托"村情通"抓好民情沟通"三个一"（即一日一值班、一周一集中、一月一沟通），实现了干群交流"零距离"。同时，通过网络在线，也解决了外出务工群众之间见面难的问题，破解了农民难以充分参与乡村治理的困境，在一定程度上实现了"人民内部矛盾人民内部解决"。

（一）党员干部的实事群众来评议

过去，因为缺乏好的沟通平台，群众不知党员干部在干什么，干部也不知群众去哪里。相互之间沟通少、了解少，造成"干部干，群众看，有时还捣乱"的现象。"村情通"通过党建概况、支部简介、最新实事等专栏，实时公布党员干部活动情况，接受群众点赞、监督、评议，全面展示了基层组织的阳光形象。通过一部小小的手机，群众不仅知道党员干部在干什么，不管远在哪里都能对党务的运行情况进行监督评议。

同时，"村情通"实现了村务事项办理流程的公开，干群之间的沟通交流更多了，更便捷了。比如，村民可通过"村民信箱"，对村级事务、党的组织建设提出意见建议。村"两委"需要及时回复"村民信箱"中反映的内容，这对党员干部也是一种压力。根据 2017 年年终考核结果，群众对干部的满意度从之前的 75.6% 提升到 86.3%。目前，全县 70% 的外出群众通过"村情通"参与村庄治理，其中 5 个山区乡镇 95% 的外出群众通过"村情通"参与村庄治理。

案例 3-2 "村情通"里的党员忙并快乐着

4 月 28 日一早，在西门村村委会，几名党员正和村"两委"干部开心地交流党组织生活情况。这一年来，党员们在党员学习和为民服务等方面更积极了，大家都认为这与"村情通"的推广有关。

除了党员干部，村里的普通党员也积极融入村庄治理。有个党员说，西门村是"城中村"，下水道等生活基础设施老旧，每逢大雨便会出现下水管道堵塞的情况。最近雨季，她一发现村中有路段漫水，便通过"村情通"反映。很快，街道、社区工作人员和自告奋勇的党员便会带着工具前往漫水路段疏通下水管道。"不是一两次，每遇到需要为集体服务的事情，我们党员都争着去干！"作为一名有着 20 年党龄的老党员，这位党员在比学赶超和为民服务的过程中感受到满满的获得感。

平日里，翻看"村情通"成了她每天必做的事儿。除了在"我的实事"一栏里发布自己做的党员实事外，还在"党员学习"栏里认真学习党的知识，浏览相关新闻。"朋友们夸我党员素养越来越高了呢。"她笑着说。

该村工作人员介绍，像这样普通却发挥着重要作用的党员还有很多，他们让村庄变得更加美好。村里借助"村情通"充分发挥在职党员作用，也调动下岗和退休"隐形"党员的积极性。建起"积分榜"，党员每月的积分都会上榜，这种做法极大地调动了党员的积极性，也增加了党员的获得感和幸福感。

（二）群众的问题党员干部来研究

乡村治理的关键是让干部深入下去，把群众发动起来。干部深入下去，就要发现群众碰到的问题，及时掌握社情民意，然后认真分析加以解决。发现问题的方式主要有两种：一种是群众主动提，比如利用"随手拍"实时曝光脏乱差、矛盾隐患、平安建设等问题；另一种是通过专职网格员、党员干部走村入户搜集。

按照一日一值班、一周一集中、一月一沟通的要求，对群众反映的相关问题及时进行研究、讨论和办理，对具体问题，"村情通"管理员能马上答复的就即时予以答复；对复杂的诉求由村党组织书记主持召开村"两委"班子会共同商议，并根据实际需要邀请乡镇干部、党员、村民代表参与研究解决；对农村小微权力清单的日常事务由村务联席会议集体讨论决策。最后将相关事务处理情况及时上传至"村情通"，方便群众监督。

群众利益无小事，解决才是关键。为了把群众的事情办理到位，"村情通"实施每周督查通报制度，定期公布"红榜村"（先进村）和"黑榜村"（落后村），形成比学赶超的良好氛围。

（三）大家的事情全体商量齐心办

习近平总书记指出："基层矛盾就要用基层民主的办法来解决，这一重要原则一定要把握好。"① 开通"协商民主"板块，将村务热点、难点问题在网络上共商共议，做到"集体事大家商量""大家的事情大家研究"，最后形成大家齐心办好事的良好氛围。对村级能办理的事，由村党支部书记交办相关责任人落实；需要乡镇共同协商的相关事项，经村党支部商议后转至乡镇党委商议决定。通过"协商民主"制度，让党员干部群众坐到一起，谋思路、出主意、想对策。这样，形成了大家的事情大家办，真正使干部群众打成一片、融为一体，实现了干群一家亲。

唱响好乡风，引领正能量，也是促进乡村自治的有效手段。推行农村"信用积分"制，首创"村民公德银行"，将农

---

① 习近平：《之江新语》，浙江人民出版社 2007 年版，第 226 页。

户"红黑榜"、履行村规民约及好人好事情况在"村情通"上公示，在线评选"最美家庭"、护水先锋、平安使者等，乡村变得更加和谐了。

在民情沟通上，群众参与的积极性和事情处理的圆满性是成正比的。正是因为群众反映的问题得到了及时解决，才能及时排查矛盾纠纷。把矛盾化解在无形之中，大事化小，小事化了，乡村"善治"依托"村情通"得以体现。比如，石佛村一个村民在集镇上开了一家理发店。正好这段时间，乡里正对集镇进行集中整治，挖路基、拆广告牌。整治期间，废料乱堆放，清理不及时，都会被"随手拍"。自从在手机上安装了"村情通"后，他觉得"村民信箱"用起来特方便。前些天，施工队不小心挖坏了自来水管导致停水，通过"村情通"把情况上传到信箱，没过多久便得到回应，破裂的水管就修好了。

三、村情通 + 为民办事全程服务：
实现为民服务"零距离"

联系群众、服务群众是"三民工程"的核心。过去，多头管理、资源分散造成群众办事"门难找"，条块分割、层层审批造成部门"办事慢"，这在很大程度上制约了为民办事难以实现全程服务。近年来，通过建立乡村便民服务中心，整合各类服务窗口、服务项目和服务人员，实现"一站式办理、一条龙服务"，建立乡村基层服务团队、社会化专业服务团队等多元化服务团队，努力为群众提供贴心服务，取得了一定成效。但是，基层群众还是反映，上级很多惠民政策始终"走在路上"，服务始终"停在嘴上"，实惠没有真正"落在身上"，"最后一公里"未能打通，办点事情群众多跑路的现象还是时常发生。"村情通"的"在场"，使得为民办事实现了全程服务"零距离"。

(一)"网格员"让群众感受"零跑腿"的全程服务

"村情通＋全民网格"为解决"群众多跑路还难办成事"的问题提供了现实样本。现在，每个行政村都设立了专兼职网格员，他们既是"村情通"的信息员，更是为民办事全程

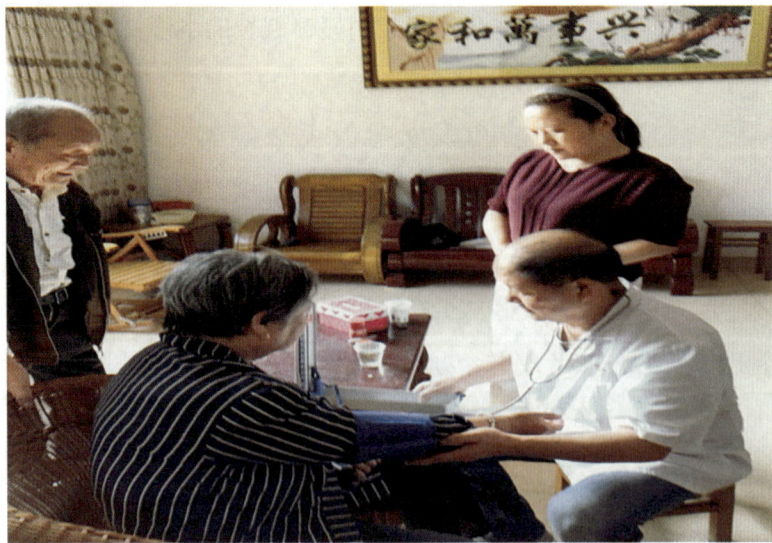

图 3-5　网格员陪同医生上门走访

服务的代办员。他们与村民熟悉，在为群众办事上能够得到群众信任，又对相关办事流程了然于胸。这样，通过"干部多跑路，群众零跑腿"，群众真切感受到了办事"零跑腿"的服务。

依托"村情通"，推进服务点代办制和审批事项网络化，健全村级网点和网格代办，健全落实村干部坐班、值班或轮班制度，让党政、群团组织、企业等管理服务资源扁平化面向基层，让群众享受无差别的"掌上服务"。政法、卫计、信访、公安、工青妇、残联、扶贫办、民政等 10 余个部门服务资源通过"村情通"落地，户籍、生育登记等农村群众"常办事"，一次办成率由 60% 提高到 95% 以上，真正实现了群众在家门口办事的愿景。

针对村干部人员有限，群众各类事项、诉求都"往上跑"的工作情况，"村情通"还推出干部跑、数据跑、物流跑"三跑"机制，梳理"零审批""零跑腿""跑一次""全代跑"清单，通过全面构建"96345"党员志愿服务体系，使全县 25000 余名党员担任专兼职网格员，为群众提供线上线下协办服务，真正实现党群沟通无障碍、为民服务零距离。比如，一村民长期在外打工，最近其妻怀了二胎，准备办理生育登记，通过"村情通"中的"计生服务"板块填写申请资料后，当天就收到了办理成功的短信通知。他高兴地说："2009 年生第一胎的时候，我专门跑回老家办登记，前前后后花了好多天，现在真的方便多了！"

（二）"指尖办事"让群众享受随时随地可办事的舒心

在互联网时代，"指尖办事"的便捷越来越受群众的青睐。"村情通"以省政务服务网为数据共享的"天网"，以"村情通＋全民网格"为工作落实的"地网"，依托县乡综合信息指挥系统实现了上下左右贯通。基于这样的系统集成，让干部跑、数据跑、物流跑，村民不用跑，打通服务群众"最后一公里"的"梗阻"。截至 2018 年 3 月底，全县 35 个部门的审批事项共 1359 项，已实现"最多跑一次"的有 1324 项，占97.4％，已实现"一窗受理"的有 1139 项，占 83.8％。在此基础上，对各项审批事项和流程进行再梳理、再整合，将能够上网办理的直接与"村情通"融合，在线接受群众咨询、求助、投诉、办理。

同时，出台"村情通＋全民网格"工作规范，创新乡镇和部门派驻干部"组团驻村"长效机制，将部门服务资源在网格整合，村村推广"网上代办"，网格指导员、专职网格员、代办员三支服务队伍帮助群众"在线办事、指尖办事"。目前，户籍办证、生育登记、机动车违法处理等农村群众常办的事项实现了指尖办事，村民一次办成率由原来的 60％提高到 95％以上。

"一切为民者，则民向往之。"有话找"村情通"说、有事找"村情通"办、有诉求找"村情通"反映、有纠纷找"村情通"解决……"指尖点点，轻松搞定。"这是农村流传的俚语，是对"村情通"这一新生事物的生动评价。

(三)"无证明县"让群众感受为民服务的真诚

3月26日，姚先生从绍兴赶回县城，到县社保服务中心办理异地工伤意外保险。让他惊喜的是，这次只需要在窗口写下个人承诺书，不需要再到绍兴办理"异地安置常驻外地证明"，少了来回奔波的麻烦。"村情通＋为民办事全程服务"坚持换位视角，使为民办理全程服务更加深入。

2018年以来，龙游县通过运用数据共享、格式文书、内部核验等举措"砍掉一批、共享一批、替代一批、代跑一批"的方式，最大限度精简和优化各类证明材料，着力打造"无证明县"。浙江省政府主要领导专门在"创建无证明县"信息材料上作出批示："'四个一批'做法务实管用，体现创新精神，

图3-6　新闻媒体介绍"无证明县"经验

值得总结推广。"

"村情通"的运用，使民情档案实现从档案室里的"死档案"向干部群众心中的"活民生"转变，民情沟通实现从干部坐班、被动沟通向干群互动、服务民生转变，为民服务从局限于干部"跑腿"向构建全方位、立体化服务体系转变，"三民工程"的"寓管理于服务中，寓监督于参与中"的特色更加智慧、更加鲜活，有效促推了乡村"善治"格局的形塑。

第三节 前瞻：党建统领智能化治理的发展趋向

党建是乡村智能化治理的"牛鼻子"。只有党建工作抓紧、抓实、抓稳了，乡村治理的未来才会充满希望。党建统领乡村治理，其发展的核心趋向是实现自治＋法治＋德治的"三治结合"和共建＋共治＋共享的"三共并举"，最终实现乡村治理体系和治理能力现代化。围绕这一目标，乡镇是责任主体，村是执行主体，党员群众是根本主角，因此，在未来的发展中，必须牢牢抓住乡镇党委、村党组织和党员群众这三大主体性力量。

一、压实乡镇党委的主体责任

随着"村情通"覆盖人数的扩大、涉及内容的增加、使用数据的拓展，将会引发各种力量的关注、关心、关怀。实践表明，只有全面坚持党的领导，进一步突出党建的统领作用，明晰乡镇党委的主体责任，才能从根本上确保"村情通"的正确发展方向。

其一,以责任制为抓手狠抓落实,即把乡镇党委的集体责任、主要负责人的第一责任、班子成员的分工责任等不同性质的责任落实到人。乡镇党委书记要带头克服重业务、轻党建的不良倾向,带头消除对党建工作的各种模糊认识,带头检查督促党建任务以及统领乡村治理工作的落实。一方面,因地制宜确定党委领导班子在落实"村情通"方面的责任清单,细化责任、厘清边界,尽量做到履责有章、督责有据。另一方面,在落实中要以上率下、以点带面,形成横向到边、纵向到底的督责机制,层层传导压力、压实责任,形成齐抓共管的工作格局。

其二,加强全域党建的系统擘画、顶层设计。乡镇党委要探索党建统领乡村治理的标准化建设,对相关领域、制度、程序、组织、运作、环节进行全流程梳理,构建起适应新时代需要、满足党建工作需要、契合乡村治理实际的标准化体系,从而实现党建统领乡村治理的规范化、科学化、效益化,力争做到可复制、可推广。

其三,以机制倒逼责任落实。一方面,建立常态化的督查机制。将各乡镇应用"村情通"情况列入季度党建报表,并要求在党组织党建月清单中将该项工作予以细化、明化。对于抓"村情通"工作不达标的,上级组织约谈乡镇一把手;相应地,各乡镇党委书记每月约谈"村情通"应用排名末位的村支书,通过"书记抓、抓书记",达到一级抓一级、压实党建责任的效果。另一方面，建立考核反馈体系。定期通过后台查看"村情通"的运行质量，实施"捆绑式"考核机制，把抓"村情通"工作情况作为领导干部、联系村干部个人年度考核的重要内容。

其四，明确主导定位。乡镇党委要把党支部建在平台上、党小组建在网格上、群团组织建在群众的"指尖"上，通过上接天线、下接地气的各种活动载体、激励机制最大限度激发各种力量的广泛参与，把党组织的政治功能与服务功能有机统一起来，从而使每个村民都成为乡村治理的主体。

二、明晰村党组织的主体功能

习近平总书记指出："党的工作最坚实的力量支撑在基层，经济社会发展和民生最突出的矛盾和问题也在基层，必须把抓基层打基础作为长远之计和固本之策，丝毫不能放松。"①"村情通"的未来，就是要充分发挥村党组织这个基层的主体功能，为老百姓提供更亲切、高效、便民的在线化便捷服务，从而夯实党在基层的社会执政基础。

其一，理顺网格五大层级。村党组织既要担负起教育党员、管理党员、监督党员的职责，也要担负起组织群众、宣

---

① 中共中央文献研究室编：《习近平关于社会主义社会建设论述摘编》，中央文献出版社 2017 年版，第 131 页。

传群众、凝聚群众、服务群众的职责。以"村情通+全民网格"为载体，发挥村党组织在重大问题、重要决策中的堡垒作用。第一层级为网格长，由村党支部书记担任，负责统筹网格各项事务，发挥政治核心作用，带动和影响支部班子成员共同引领乡村治理趋向；第二层级为专职网格员，具体做好"村情通"日常事件的处理和网格事项的交办；第三层级为片区网格员，由包片联系村干部担任，具体负责本片区内各项事务的处理；第四层级为兼职网格员、"红色"代办员，由全体党员担任，做好党员联系户的服务等；第五层级为网格信息员，由全体村民、群众组成，做好信息搜集、上报等。通过这五大网格层级，使村庄各类信息通过"村情通"贯穿到底、实时互通。

其二，把支部建在网格内。党组织要发挥凝心聚力功能，把支部建在网格中，通过运用"村情通"的即时通讯功能，使每个人、每部手机都成为党组织关注民情的眼睛，最大限度调动网格内党员参与乡村治理的使命感和积极性，把党的政治优势、组织优势转化为治理优势、服务优势。成立网格服务小组，对服务小组责任清单进行"赋分"：根据完成的难易程度将党员服务积分量化，分为难、较难、较易三种，分别赋予高、中、低三种积分，并在"村情通"上实时公布积分排行情况，评比"本周之星""本月之星"，形成激励效应。实践表明，在"村情通"中实现网格支部全覆盖，能够发挥网格支部党员人熟、地熟、房熟、情况熟的优势，能使村庄的喜事丧事、急事难事、大人小孩等信息全面捕捉，使网格的覆盖更有效。

其三，推进县乡组团联村全覆盖。村级党组织和村委会是乡村治理最基层的单位，负责上级各项政策文件的执行并开展本村所有公共事务和公益事业，是乡村治理最关键的一环。但现实中，大多村"两委"的素质能力与推进智能化治理的要求、群众多元化需求仍有较大差距，需要县、乡组织相关人员协助村庄事务的开展。一方面，在原来运行过程中实施的党员志愿者服务站、第一书记联村法等基础上，配齐配强"红色"力量。比如，以县乡干部片组包干、片户联合、户户走访等形

图3-7 推广运用"村情通"

式"零距离"直面村民。另一方面，落实干部包片，科学划分村"两委"责任片区，充分发挥村"两委"干部、群众参与乡村治理的积极作用。

三、激活党员群众的主体自觉

党员是乡村治理的中坚力量。党员的形象和行为是社会、群众观察党的镜子和依据。因此，塑造党员形象并发挥党员的中坚骨干作用必须贯穿乡村治理全过程、各领域。在乡村治理中，党员要发挥中坚骨干作用，无论在何时、何地，对任何人、做任何事都要表现出对党的事业的自信心和责任心，表现出坚定性、积极性、主动性和创造性，形成强大的感召力和凝聚力，把广大群众争取和团结在自身周围，沿着党中央指引的方向前进。关键在于做到三"问"：一是问需于民，特别是困难户、"五保户"、信访户等特殊群体要定期及时走访；二是问情于民，建立党员联系服务群众长效机制，通过邻里家常串门式的民情走访保障党员联户可持续、真服务；三是问绩于民，引导党员通过"村情通"积极参与项目推进等重点工作。

"村情通"要在乡村治理中永葆生机，还要增强群众的主体意识。增强群众的主体意识，不是靠喊"口号"，而要落实到每个基层党组织的具体行动之中。一要增强群众的"责任感"。学习教育是增强责任感的有效途径。基层党组织要充分发挥党员大会、村民代表大会、"村情通"村民网络群等机制，让群众增强责任感与使命感。二要重视群众的"参与感"。不断完善"村民信箱""随手拍"等网络专栏，让村民有话可说，切实增强其存在感、参与度。三要增强群众的"归属感"。让体制内外条块打通，让干部"下沉"到基层，让乡村管理转变为乡村治理、乡村善治，真正体现人民群众的主体地位，真正让人民群众当家作主。

作为党建统领乡村治理的社会化平台，"村情通"是顺应时代的供给侧改革，有效加强了对党组织和党员的数字化管理水平。"村情通＋智慧党建"，在线实现了对党员的评定，形成了"先锋指数"；实现了对村组织的量化考核，形成了"堡垒指数"；强化了对乡镇党委的服务评价，形成了"服务指数"。可以说，"村情通"是"三民工程"智慧版的创新性探索。用活"村情通＋建民情档案"，通过信息资源共享，做到基础信息不遗漏，线上线下常更新，实现社情民意不滞后，改变基层治理方式，推动治理现代化；推进"村情通＋定期民情沟通"，使实事由群众来评议，群众问题党员干部来研究，大家的事情全民商量齐心办，推进基层民主协商建设；建好"村情通＋为民办事全程服务"，推进了"全民网格＋全员服务"，实现群众日常事项"指尖办理"。在新时代，要真正落实党建统领乡村治理，必须压实乡镇在党建统领的主体责任，明晰村

第三章　党建：
压实智能化治理的"定盘星"

97

党组织在乡村治理中的主体功能，激活党员群众的主体自觉，不断提升乡村治理的社会化、法治化、智能化、专业化水平。

思考题 ▸▸▸

为什么要发挥党建在乡村智能化治理中的统领作用？

第四章

共建：
奏响智能化治理的"大合唱"

"遍布城乡的群团组织也要共同参与，为党的群众工作增添力量。形象地说，就是要'众星拱月'，'月'就是党，'众星'就是包括群团组织在内的党领导下的各种组织。"*习近平总书记在中央党的群团工作会议上的这一重要论述，强调群团工作，既要坚持党的领导，又注重发挥群团组织的桥梁和纽带作用，要让群众当主角而非配角，才能让党的群众工作既"月明星灿"又"群星灿烂"。"村情通"为群众提供了参与群团组织与群团活动的新平台，也拓宽了妇联、残联等群团组织以及市场经济主体与群众互动的新渠道，用共建的形态奏响了乡村现代化治理"大合唱"的最强音。

＊　中共中央文献研究室编：《习近平关于社会主义政治建设论述摘编》，中央文献出版社 2017 年版，第 187—188 页。

第一节　赋予妇联转型新"动能"

改革开放 40 年来, 广大农村的变化翻天覆地, 大量农村人口挣脱土地束缚, 改变"面朝黄土背朝天"的谋生模式, "南下""北漂"形成"流动大军", 涌入大中小城市、城镇、企业, 这既直接推动了城镇化进程, 也改变了乡村传统社会结构。由于农村青壮人口的外流, 农村普遍以留守老人、小孩和妇女为主, 其中妇女占比高, 她们在抚育子女、赡养老人, 维系家庭生产生活, 承受社会、心理和生理等多重压力的同时, 逐渐成长为农村广阔天地的重要主角。县妇联因应时代变迁, 将联系服务妇女工作拓展到"村情通"上, 凝聚了乡村振兴的妇女力量, 也赋予了妇联组织发展的新"动能"。

一、"垃圾革命"静悄悄

绿水青山就是金山银山。我们要建设的现代化是人与自然和谐共生的现代化, 既要创造更多物质财富和精神财富以满足人民日益增长的美好生活需要，也要提供更多优质生态产品以满足人民日益增长的优美生态环境需要。2003 年 6 月，面对农民群众不断富足的物质生活与人居环境需求之间的突出矛盾，面对农村滞后的经济发展与全面小康社会之间的差距，面对"脏、乱、散、差"的农村面貌与日新月异的城市面貌之间的反差，时任浙江省委书记的习近平亲自谋划、部署"千村示范、万村整治"工程：花 5 年时间，从全省 4 万个村庄中选择 1 万个左右进行全面整治，把其中 1 千个左右的中心村建成全面小康示范村。这项龙头工程、基础工程、生态工程、民心工程一直持续到今天，造就了万千美丽乡村。基于这样擘画的"路线图"，龙游县从治理农村环境"脏乱差"、村庄布局"杂乱散"入手，按照布局优化、道路硬化、四旁绿化、路灯亮化、河道净化、环境美化的要求开展农村环境整治工作，并在全省率先实施农村垃圾分类工作，创造了以大街乡贺田村为代表的农村垃圾分类处理的"贺田模式"。该村因人和、心齐、风正、气顺和生活富裕、乡风文明、村容整洁，被评为国家级生态村和全国文明村。越来越多的行政村见贤思齐、迎头赶上，以天蓝、地净、水清的生态底色绘就家乡的美丽底色，构成了浙江"千村示范、万村整治"工程的重要组成部分。

　　然而，在肯定成绩的同时，也必须清醒地看到，具体到垃圾分类工作上，尽管各行政村都在推行"贺田模式"，但在整体上还存在不少问题。主要表现在以下几方面：

（一）村庄创建不平衡

有些村很好，地上都看不到烟头、纸屑；有些村很差，差得连村里人都认为"不好意思"。在创建验收时，月度评分造假有的掺杂不少水分，有些测评小组不上门入户打分，而是在办公室里"造分"，打分后在户外公开栏公示，有些村投机取巧、应付检查，公开栏上月份改一下，分数一年到头都不变。况且，监督测评小组是否每月按时测评、是否实地测评、是否及时公开结果，上级部门也无法及时有效监督，村民对测评公平问题持有异议。

（二）监督公示效果差

对村庄和农户家庭的卫生监督，基本由村"两委"和监督测评小组成员完成，村民参与度不高，发现脏乱差问题也不知该向谁反映，而村"两委"干部忙起来也常常顾首不顾尾。由于"红黑榜"一般都张贴在中心村的公开栏上，风吹日晒后难寻踪迹，导致村民尤其是非中心村的村民对"红黑榜"不关注，影响力不够，甚至刚贴出去就被撕掉。

（三）宣传培训困难大

在"村情通"推广以前，为宣传垃圾分类知识开培训班，妇联干部煞费苦心，挨家挨户通知。但由于农户居住分散，即使这样起早摸黑通知也得花几天时间才能勉强完成任务。有的村由十多个甚至二三十个自然村形成，必须分期分批举办多期培训班。有的女村民因路远或其他缘故未能参加培训，村妇联干部还得上门面授，把纸质宣传册分送到妇女群众手中。

忽如一夜春风来，"垃圾革命"静悄悄。2017年4月21日，县妇联、县农办举办了打造"贺田模式"2.0版暨推广张王村"村情通"APP现场会。5月，"村情通"APP转换为微信公众号，村妇联干部和管理员分期分批集中培训使用。妇联工作通过使用"村情通"这一"利器"，针对上述问题及时进行破解。

图4-1　举办"村情通"培训班

（四）比学赶超"晒"差距

针对创建不平衡问题，从 2017 年 6 月起，县妇联每周通报各乡镇应用"村情通"情况并纳入月度考核，对创建领导小组是否建立、巾帼联户制度是否健全、垃圾分类扫码评分是否正常开展、分数公示是否及时、存在问题是否有效解决等都在"村情通"上"晒"出来。针对月度评分造假行为，各村妇联执委挨家挨户上门张贴"二维码"，监督测评小组的成员逐户上门扫描每个农户独一无二的"二维码"，对农户的垃圾分类情况当场打分。打分情况可即时留痕并上传到分数排行榜中自动汇总排名。每一次扫码评分都留有痕迹，村民相互监督，评高评低还可以照相留存，村民再无反映评分不公平的问题。

案例 4-1 "没想到自己还这么吃香"

岭根村邹某在每月卫生评比中排名前列，多次上"红榜"，被邀请在村文化礼堂给全村人上课。后来，又在"村情通"上得到表彰，周边村的群众也请她讲，"没想到自己还这么吃香！"于是，她参与垃圾分类的积极性和热情一下子被调动起来。除了做好自己家的门前"四包"外，还主动清扫村里的公共场所。在她的带动下，全村妇女们争相搞好家庭卫生，就连周边道路沟渠的垃圾也抢着清理。

(五)"红黑榜"加"随手拍"

针对上墙公示效果差问题,结合村测评小组扫码评分和月度"排行榜"情况推出微信版"红黑榜",排名前列的农户上"红榜",排名末几位的农户上"黑榜",两类农户的家庭环境卫生情况、垃圾分类是否到位都伴有图片公示,村民可以随时随地看到,并且撕不掉、毁不了,强化了正向激励和反面约束,让村民有了荣辱感。在城郊企业打工的一个村民,在"村情通"上看到自家垃圾未及时清扫上了"黑榜",心里很有压力,傍晚下班回家就将自家院子打扫得干干净净。针对监督举报难问题,谁都可以"随手拍"村庄环境卫生、农户垃圾分类等方面存在问题并上传到"村情通",实现村民实时曝光环境卫生脏乱差问题,由村"两委"限时办理并公开反馈,村民参与积极性大幅提高,变少数人监督为全民监督,人人保洁、处处护卫成为乡村新风尚。

(六)宣传培训无纸化

以前,县妇联但凡组织与妇女有关的法律法规政策学习,不仅妇联干部叫苦"费时、费力,还不讨好",就连妇女群众也常抱怨"学法律、学政策,就像唐僧取经一样困难重重"。毛连里村地处深山,有20多个大大小小的自然村,每次集中培训时到场的妇女寥寥无几,外出经商、打工的妇女更无法接受培训。有了"村情通",纸质材料逐渐退出历史舞台,垃圾分类相关知识及时上传至"分类培训"板块，群众可随时随地点击学习，实现"互联网+"下的垃圾分类培训。

可以说，在美丽乡村建设尤其是农村环境卫生状况改善过程中，"村情通"功不可没。家是最小国，国是千万家，尝到垃圾分类甜头的农村群众主动要求进一步扩大成果。后田铺村的妇女群众，对建设美丽庭院的需求特别强烈，妇联给予了积极回应，联合农办策划了"乡韵庭院"创建工作：采取"农户主体、部门结对"的方式，组织机关妇委会与农户结对，按照净化、序化、绿化、美化、德化的要求就地取材，废旧物综合利用，打造出61个主题鲜明、富有创意、功能布局合理的"乡韵庭院"示范户。这些示范户的创建在"村情通"上得到集中展示。例如，以前有个村民家的院子杂草丛生，现在则宽敞整洁，菜园和蜂箱都是景致，"自己看了都赏心悦目"。如今，她多买了几把扫帚，每天一早第一件事就是把院子打扫干净。后田铺村的"乡韵庭院"吸引了众多游客前来参观学习，

图4-2 "乡韵庭院"助力美丽乡村建设

还带动了乡村旅游农家乐的发展。目前，全县像后田铺这样的"乡韵庭院"示范村已有 15 个，"乡韵庭院"示范户 356 户，创建户 5000 余户。"乡韵庭院"个个绿意盎然、鲜花绽放，院外风清水秀、一步一景。

二、妇联阔步迈向"新时代"

借助"村情通"，以联系和服务广大妇女为己任的妇联，在调动和激发妇女群众积极参与乡村治理方面同样拥有更多力量和优势，也标志着妇联转型从此阔步迈向"新时代"。

（一）开启"新路径"

"村情通"让妇联工作多了一双"千里眼"和"顺风耳"，掌握的信息更全面、更灵敏，服务妇女群众也更及时、更到位。"村情通"中的"巾帼联户"板块上的每名妇女代表联系着 10 到 20 户农户，负责提供垃圾分类、扶贫帮困、排忧解难等各种服务。比如，五都桥村年逾八旬的童奶奶找不到身份证、社保卡，心慌意乱，急得不行。在杭州打工的外孙当即通过"村情通"的"村民信箱"反映情况，村妇联主席当天就来到童奶奶家，帮老人办理挂失手续，并补办相关证件，解了老人燃眉之急。类似事情如办理二孩准生证、医疗保险、来料加工以奖代补项目申报、"两癌"救助申请、妇女创业小额贷款贴息补助等，都可以在"村情通"上直接办理。

案例 4–2　　"村情通"就是"服务超市"

关于"村情通"，有村民比喻它就像一个"服务超市"。就如说春节前的那场大雪，"村情通"给沐尘村实现群团组织帮扶帮困。

"住西山面自然村的 91 岁老人傅奶奶，家里心脏病、高血压的药没了，希望村干部帮忙配一点。"1 月 31 日早晨，村网格员在"村情通"上看到这条求助信息后，立即赶到乡卫生院为她配了药，并及时在平台上向发信息的老人家属反馈。

（二）形塑"新平台"

"村情通"为农村妇女参与村庄公共生活、公共事务提供了更多平台。2017 年 7 月在启动村妇代会改建村妇联（简称"会改联"）过程中，每个妇女包括在外经商办厂打工的妇女都可以通过"村情通"推荐村妇联班子成员，也可以谈想法、提意见，人人参与"一个也不会少"。"会改联"后，村里的妇联组织由"一个人"变成"一帮人"，村级妇联组织阵容壮大了，服务及开展活动的内容和形式也相应丰富起来了。她们既积极投身村庄建设和治理，又热心参与照顾孤寡老人、关爱留守儿童以及义务植树、修桥铺路等等公益工作，也组织开展有益身心健康的各种文体活动。哪怕是寓外妇女，通过"村情通"也能参与村庄治理。2018 年春节，新槽村举办"村晚"，通过"村情通"发布消息后，散居各地的寓外妇女们纷纷报名参加表演。远在广州打工的一位村民是个文艺爱好者，不远千里特地赶回为乡亲们表演歌舞，为乡亲们带来快乐的同时也收获了浓浓乡情。

（三）达致"新和美"

保障妇女合法权益，促进男女平等，是妇联组织的基本职能。"村情通"就像一位尽职的"消防员"，当家庭矛盾、邻里纠纷"火情"出现，总能及时干预、全力消解。去年，在"村情通"上传《三分钟读懂〈反家暴法〉》，不但提醒妇女群众遇事得找"娘家人"，也使妇联干部认识到家暴的隐匿性，提高了工作针对性。泽潭村一妇女曾在"村情通"提问：发生了家暴，该找谁解决？简简单单的一句话，就引起了管理员的高度警觉，她立即向村妇联主席作了汇报。村妇联主席结合平时了解的情况，意识到她可能遭遇家暴，马上会同村调解干部上门了解情况，获悉其遭到丈夫殴打的事实。经耐心调处，一起可能升级的家暴事件得到有效平息。去年，妇联依托线上"村情通"，结合线下多部门合力，主动介入、有效调处家暴300 余起，开出告诫书 8 份。

"村情通"还能帮助"消化"家庭内部矛盾。比如，下杨村某女外嫁后，由于不清楚村里的"分红"情况，怀疑父亲有所截留，导致父女关系长期不和。后来，她偶然点开"村情通"村级分红情况，一目了然，父亲没有对她隐瞒，心中芥蒂一下解开。如今，就连"最美家庭""文明家庭""好婆婆""好媳妇"的评选，都先经群众在"村情通"上投票评选，评选结果在"村情通"公示、表彰，深受农村妇女欢迎。

（四）走入"新时空"

有了"村情通"，时间大大缩短，空间大大扩大。无论山高路远，"一机在手，信息尽享"。特别是"村情通"经常发布技能培训信息，链接知识要点，广大农村妇女可以及时报名参加种养、产品加工、厨艺等各类培训，也可以在"村情通"上直接学习知识技能。比如，石佛村的妇联执委，每天注意收集诸如招工、政策动态等信息，并及时在"村情通"发布让农户知悉。2017年10月，她在"村情通"获取"乡里将举办免费烹饪培训，由名厨授课"的消息后，立即将此信息在本村"村情通"上发布，结果有30多名女村民报名参加培训学习。不久，乡里又举办面点培训，她又在"村情通"上发布信息，又有30多名女村民参加培训学习。两次培训，让石佛村妇女的厨艺得到提高，有的妇女信心满满创办了"农家乐"。

三、"倒逼"妇联实现功能结构转型

2015年7月，习近平总书记在中央党的群团工作会议上一针见血指出：当前，广大干部群众反映比较突出的问题，主要是一些群团组织不同程度存在"机关化、行政化、贵族化、娱乐化"现象。① 不可否认,不少妇联组织不同程度存在这些问题,"机关化"主要体现在按部就班,"热"在机关,"冷"在基层,习惯于传达、转发上级妇联文件精神;"行政化"主要体现在把群团组织当行政机关,习惯于用会议贯彻会议,以文件落实文件;"贵族化"主要体现在搞活动热衷于讲排场、比档次,不计成本和影响;"娱乐化"主要体现在以活动代替工作,民主管理、法律维权技能欠缺。"四化"问题实质是脱离群众。应运而生的"村情通",为广大妇女投身经济社会建设提供了更多平台和可能,也倒逼着妇联组织摒弃"四化"问题,改进工作的方式和方法。

(一) 服务的手臂从"短"向"长"转变

基层妇联是党联系妇女群众的桥梁和纽带。"村情通"搭建了妇联干部与妇女群众的网上"连心桥"。通过"村情通"服务妇女,既延伸了工作手臂,还有利于培育和吸收专业社会组织的力量在社会治理中共同发挥积极作用。2017 年 8 月,竺溪桥村妇联副主席在"村情通"上发布了一条招工信息,某小学招收食堂阿姨。50 多岁的一位村民看到后立即留言咨询具体事项,在她的帮助下,顺利办理了健康证,如愿上了岗。

---

① 中共中央文献研究室编:《习近平关于社会主义政治建设论述摘编》,中央文献出版社 2017 年版,第 189 页。

暑期留守儿童的安全问题一直是个大难题。项家村几个孩子在水塘边嬉闹，有村民随手将场景拍照上传到"村情通"。村妇联主席看到后转发并呼吁乡亲们和村里的网格员加强对小孩的看护，防止小孩下到山塘水库、溪流沟渠玩水。一些外出打工的村民看到"村情通"后，纷纷打电话给村里的长辈、亲友，要求帮助照管孩子。防溺水这根弦得以绷紧，全村留守儿童多了一分平安。

案例4-3　千里之外秒办准生证

家里有小生命降临，本是一件高兴的事。不过，办理"准生证"要提供材料、办手续、建档，为办理的事跑来跑去着实让大多数家庭觉得有点"累"，更别说还在外地工作的家庭了。然而，利用"村情通"，即使远在千里之外也能轻松办好"准生证"。

远在西安工作的夫妻俩今年3月准备为即将诞生的小宝宝办理准生证，却为此犯了难。村妇联主席通过微信告诉夫妻俩办理"准生证"如今并不需要来回跑。

"在外地的村民只需拍照上传身份证、结婚证等资料，剩下的就是在家里等待。"村妇联主席解释道，照片资料上传到"村情通"后，乡镇计生办工作人员对资料层层审核。只要审核通过了，"准生证"就当即下发给办理人。"证件办理结束后，只要下载'准生证'文件，自行打印即可。"

"真的是帮了大忙，本来还担心赶来赶去，办理的人还不一定都在。现在照片一上传，当天就办好了！"夫妻俩直赞叹"村情通"又快又便捷。

（二）服务的项目从"漫灌"向"滴灌"转变

"任何一项群众性工作，脱离了基层，脱离了群众，口号再多，规划再多，也会成为无源之水、无本之木，都是做不好的。妇联工作就是做妇女工作，只有深入妇女特别是基层妇女才能做好。"[①]妇联通过"村情通"广泛收集妇女群众的意见、建议、愿望、呼声，有的放矢地为妇女提供就业、创业等服务，变"自上而下"布置任务为根据基层妇女群众需求"自下而上"提供精细服务，在服务妇女民生中传递党的关怀和温暖，在促进妇女发展中服务党委政府工作大局，使联系和服务妇女工作成为扩大党执政基础的工作重点。2017 年，通过"村情通"的精准定位和对接联系，27 名来料加工经纪人获得政府补助，42 名贫困妇女获得"两癌"补助，31 名妇女创业者获得创业贴息补助。这些惠民政策、惠民事项，由于不藏不掖，在"村情通"上全部公开，让群众心服口服。

[①] 中共中央文献研究室编：《习近平关于社会主义政治建设论述摘编》，中央文献出版社 2017 年版，第 182—183 页。

（三）服务的范围从"窄"向"宽"转变

妇联适应新时代新要求，找准党政所急、妇女所需、妇联所能的结合点，不断提升妇联组织的群众工作能力。妇联通过对"村情通"平台大数据的具体分析，把促进妇女创业就业作为重点工作内容，为妇女从事种养、经商办企业、务工等提供有效信息和技术支持。比如，聘请教员分期分批到各村开展家政、面点制作等培训。

"村情通"的帮办、代办也赢得群众赞许。身在外地工作的一个村民求助"村情通"村民信箱请求户籍所在地公安部门出具"无犯罪记录"证明。村妇联执委看到后当即与派出所联系，一份"无犯罪记录"的证明很快就快递到他手中。"村情通"的使用让远在他乡工作的乡友从中得到及时帮助而受益，"村情通"的推广也由当初的部分群众不理解、不接受、不愿安装到自觉、自主、自愿要求加入"村情通"。

（四）服务的作风从"虚"向"实"转变

2017 年，县妇联完成了"会改联"工作，全县 262 个行政村、10 个社区共选举产生 272 名妇联主席、332 名妇联副主席、2104 名妇联执委。"会改联"后，妇联干部作用怎么发挥？会不会成为"虚设"？会不会"做与不做一个样、干多干少一个样"？可以量化实事并留痕管理的"村情通"很好地回答了这些问题。

"做与不做、干多干少就是不一样。"三和村"村情通"管理员每天第一件事就是登陆后台查看村民反映的问题、回复村民的信件，之后到所在辖区来料加工点、超市、养殖场、小作坊等重点场所巡查。她还总结出来料加工点消防安全五方面的要点，真正为群众排忧解难，被群众称为"信得过、靠得住、离不开的知心人、贴心人"，这让她有了不少成就感。像她这样，全县农村6237名妇女代表成为"村情通"的信息搜集员，且分工明确。比如，妇联发展执委负责收集、开展妇女创业技能培训、发展来料加工业、农家乐经济等；维权执委负责维权关爱行动，开展妇女权益维护工作，对来访及时登记处理，以及对困境妇女儿童、空巢老人、伤残智障等弱势群体的帮扶关爱；宣传文体执委负责组建各类功能型妇女小组，如排舞队

图4-3　村妇联开展保洁活动

等，积极组织节庆活动，倡导健康文明的生活习惯；美丽乡村执委负责发动妇女群众积极参与美丽乡村行动，开展"五水共治"、剿灭劣Ⅴ类水、垃圾分类、"乡韵庭院"创建等活动。

（五）服务的能力从"弱"向"强"转变

在"互联网+"、大数据时代，群众很多都是自由就业、灵活就业，并不都在单位和家里待着，用老办法去联系他们，往往联系不上。妇联也遇到过这样的烦恼，开设了官方网站、官方微博以及官方微信公众号，但基层妇联干部的参与度不高，基本上是县妇联工作人员"自说自话、自娱自乐"。直至"村情通"出现，才避免了这种现象。"村情通"的出现，让妇联干部意识到服务能力必须变"弱"为强，从"要我学"转向"我要学"。

"不学习就跟不上时代，就胜任不了妇联主席！"出生于1949年9月的北门村妇联主席一直都用"老年机"，不会上网也不会用电脑。"村情通"推广后，她马上用上智能机，学习电脑后台操作，动员培训村妇联执委安装使用"村情通"。凉丰村的妇联美丽乡村执委，主抓垃圾分类工作，刚开始有畏难情绪。为熟练掌握"村情通"管理技术，她主动向乡妇联主席请教，迅速进入角色。2018年3月，村里组织群众大清扫义务劳动，她还学会了美篇制作，并在"村情通"上发布。"我一说要做美篇，村里妇女就发了好多当天的照片给我，没想到村民这么支持我，我再做不好就对不起她们了！"

第二节　助残服务"零距离"

据中国残疾人联合会发布的数据显示，目前我国残疾人总数超过 8500 万，约占总人口比例的 6.21%，相当于每 17 个人中有 1 个是残疾人。残疾人事业任重道远。龙游县残疾人的数量占比与全国差不多，实际持证有 16245 人。如何将精准助残、精准康复、精准扶贫落到实处，如何让政策的红利辐射到更多残疾人，如何让受益面更广泛、更充分、更公平，是残联工作的重中之重。"村情通"的诞育，为残联精准帮扶残疾人群体提供了一个崭新且高效的平台。

一、心有余而"度"不足

残疾人事业是全社会的事业，需要全社会的重视与支持。残疾人工作即使只有1%、1‰的差错和漏洞，对残疾人而言就是100%的失望与痛苦。残疾人的自身缺陷和代际传播无可回避，他们在教育、就业及社会参与上受到多方面的限制，加之

"弱弱结合"的婚配较多，导致一户多残、后代残疾的特殊家庭频频出现。尤其是一些智力残疾夫妻生下弱智子女，造成一户全残或一户多残家庭的恶性循环。供养残疾人特别是重度残疾人的家庭，在原本缺乏劳动力的情况下，既要供养生活、照顾起居，还要承担治病和康复的大量费用，致使供养能力和抵御风险能力降低。这样的家庭，往往出现脱贫复返贫的境况。同时，随着社会生活节奏的加快和竞争压力的加大，精神类残疾人的数量呈现不断增长的态势。当前，国家政策覆及能力有限，有些补贴政策只能优先考虑重障残疾人。以上多方面因素，无疑给残联工作带来挑战，存在明显的心有余而"度"不足。

（一）人手太紧张导致"关注度"不足

县残联只有 15 名工作人员，其中 5 名为编制外人员，每年需入户走访残疾人至少 2 次。但残疾人工作涉及其生活、康复、就业等方方面面，工作人员还必须进行活动宣传、资料搜集、台账整理等事务性工作，远远没法满足为数众多的残疾人日益增长的服务需求。近年来，国家助残惠残政策覆盖面愈加广泛，残疾人服务体系日趋完善，走访残疾人的入户率、对残疾人情况掌握的熟悉率，残疾人对残联工作满意率也大大提高，但依然有"阳光来不及照耀"的地方，在残联干部与残疾群众之间存在"盲区"。

县残联多次申请编制，但由于编制总量的相对固定，这个单位增加编制，也就意味着其他单位编制需要核减，最后采取合同制聘用残疾人专职委员形式，每个乡镇配备 1 名，保证专岗专用。即便如此，在某些乡镇，残疾人数达 2000 多人，以 1 名专职委员一年至少 2 次入户走访的基本要求计算，哪怕 365 天不休息，每天最少要走访 11 个残疾人。如果按工作日计算，则每天要走访 16 个残疾人以上，显然困难重重。残联也尝试过以借调、挂职锻炼等形式"增加"工作人员，但相对于其他部门，几无任何优势。特别是一些年轻干部，本身对残联工作了解不多、认识不够，甚至在心理上对天天与残疾人打交道难以接受。

（二）信息不对称导致"精准度"不够

由于长期受到身体缺陷及自卑心理的困扰，加上本身受教育程度较低，残疾人的社交存在障碍。对助残惠残相关政策的主动知晓度不高，信息掌握相对困难。尽管各乡镇的残联专职委员在入户率上有具体要求，也会在村里及时张贴政策通知，但传统的"三务"公开受众少、传播效果差。2016 年之前，残疾人受理业务也已进驻乡镇，并新增了上门办证、送证入户和家庭病床业务，但少数残疾人"两耳不闻窗外事"，既不知道外面世界也不被外面世界知道，形成了严重的信息不对称。

此外，往常的申报工作，都是由县残联布置到乡镇，再中转布置到各个村，最后由村级残疾人专职委员（一般为村里的文书员）上报。在一定程度上，存在优亲厚友现象，而主管部门也难以察觉。这些都制约了政策的普及率和公平性，更影响了助残扶残的"精准度"。

（三）认识不全面导致"康复度"不高

残疾人并非都是与生俱来，也不是得了残疾就会一生残疾。但是，多数残疾人既不了解也很少接受康复治疗。有些残疾人"死里逃生"后留下了严重的后遗症，自然也在心理上形成了"一生都会有后遗症"的错误观念。可见，非常有必要培育残疾人的康复思维。

此外，还有些残疾人家属因为"面子"问题，也不愿意家人参加康复治疗。比如，有些残疾人父母怕送孩子参加康复医疗，觉得这会成为跟随孩子终生的"污点"，宁愿咬紧牙关硬挺着也不向主管部门和社会力量求助。同时，还有些残疾人家属，特别是年轻一代大多在外务工，想参加康复治疗但又担心咨询谁、准备什么材料、何时办理、在哪里鉴定、需要多长时间等原因而不愿意或放弃康复治疗，错过了最佳恢复期，从而影响了自身的"康复度"。

二、借力驶上"快车道"

"窝在办公室一团麻，走出去全是好办法。"在一次走村入户时，残联领导看到有村民正用"村情通"办事，"不用找领导，事就办成了"，因而深受启发：在残疾人工作上面，我们为何不借力"村情通"？

（一）模块上线提高"关注度"

坚持问题导向，残联在"村情通"上推出"精准帮扶"残联模块，涵盖残疾人证办理、培训就业、助学补助、生活补贴、护理补助和"助听助明助行"工程等方面内容，政策依据、项目说明、办理流程、联系电话、线上申请表格等内容在"村情通"上一目了然，看不明白的地方还能直接致电"12345"热线咨询，这也改变了原来被动宣传的局面，让助残惠残的好政策"重重落地"，迅速抵达每户残疾人，让他们足不出户也能切实感受享受到政策的温暖关怀，"零距离"的服务产生了"1+1＞2"的效果。模块上线不到半年，已有百余人次申请办残疾人证、助学补助、无障碍设施等，也有残疾人申请帮忙卖橘子、卖山货，实现工作人员线上办、残疾人"零跑腿"，瞬间拉近残联与残疾人之间的距离。

比如，5月10日上午11点26分32秒，在"残疾人证办理"申请单上，一条信息从龙南山区发出，"扁石村江坛自然村陶奶奶股骨坏死导致肌肉萎缩，不能行走，生活不能自理。"11点28分39秒，工作人员开始受理，11点29分1秒，预审核通过。工作人员联系镇村工作人员，当天下午，分管领导入户走访，确认情况属实，办证程序立即开启。从"村情通"快捷通道受益的残疾人越来越多，他们口口相传："村情通"在手，万事不再愁。越来越多的残疾人都会到"村情通"上"逛一逛"。而在"培训就业"板块中，很多残疾人提出参加电子商务、计算机基础、中式面点、传统发糕制作、种（养）殖、盲人推拿、盲人定向行走训练等方面的申请，附带填上了就业意向。更让残疾人感到温暖的是，所有技能培训班的学宿费全免。

案例4-4 残疾姑娘"出山记"

24岁的残疾人徐姑娘，职校毕业一直待在家。乡里的残联专职委员在日常走访中了解到她想独立就业的想法，因而积极联系到一家福利企业，动员企业老总接纳乡里有劳动能力的残疾人入厂工作。如今，徐姑娘在这家企业从事洒扫工作，吃住都在厂里，每月领到1630元的最低保障工资，厂领导对她的表现非常满意。

（二）聚焦服务提高"精准度"

申请政策、范围和条件等都上了"村情通"，残疾人需要什么、可以享受到什么，都可由自己先判断、先把握，村里人人能看见，乡镇残联能看见，县残联能看见，老百姓更瞧得清清楚楚，有问题和错误还能相互提醒，服务"精准度"自然而然得到提高。

吴女士拨通"12345"热线电话，咨询困难残疾人生活补贴和重度残疾人护理补贴（简称"两补"）的申领条件。接到转报咨询后，残联工作人员立即与吴女士联系，得知她母亲在2010年办理了残疾证，但之后一直在外地打工，母女两人谁也没有主动了解过残疾人补助政策。一次偶然机会，她在朋友手机中的"村情通"里看到了残联的"两补"申请，想到自己母亲能否领取到"两补"资金？残联工作人员立即核实吴女士母亲的残疾等级，并同意就近办理。吴女士"最多跑一次"就为母亲办理成功。像这样全家人都在外地、原先联系方式也更换了的残疾人及其家属，如果没有"村情通"这个"聚焦器"，就发现不了这个"疏漏点"，工作人员纵然再积极主动，也会费尽周折。

（三）普及知识提高"康复度"

"授人以鱼，不如授人以渔。""村情通"在"知识链接"板块中，特别重视将残疾的预防、矫治和康复相关知识传授给残疾人或其家属。比如，在3月3日爱耳日、6月6日爱眼日等残疾人日中都选择上传相关残疾预防和保健知识，将降低残疾发生的方法尽可能广泛地告知更多的人。

残联爱残"心贴心"。针对残疾人"薄面子"心理，"村情通"派上了用场，当事人不需要拄着拐杖、摇着轮椅或者由人牵着领着到办事窗口来。残疾人不与工作人员和社会人员见面也可以办好事情。

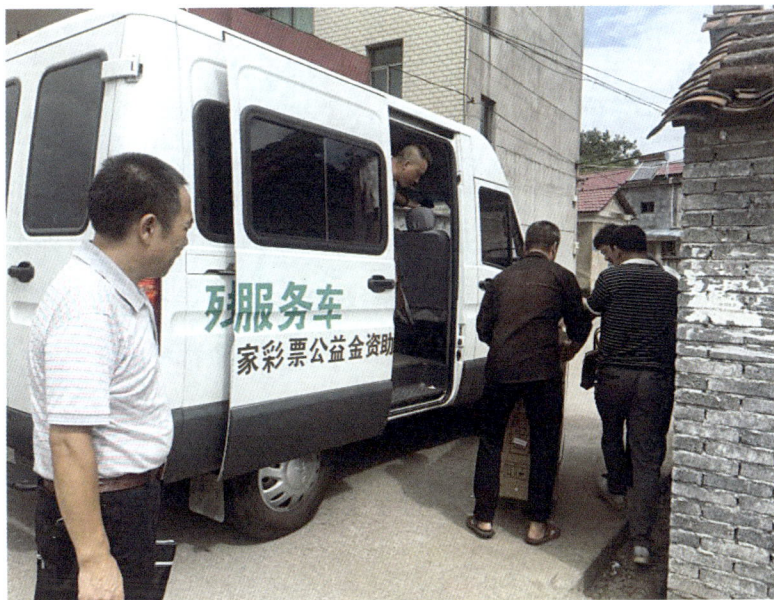

图4-4　残联工作人员将辅助器具送到残疾人家中

案例4-5　轮椅上的"小轻松"

兰塘村的一位二级肢体残疾人，因患小儿麻痹症致腿部残疾。2018年3月28日，网格员日常走访得知他想要一把轮椅，就劝他通过"村情通"申请领取。钱某听完觉得不靠谱，点一点手机，这事儿能成？"这是县里专门为方便老百姓办事研发推广的平台，试试又何妨？"在网格员的"怂恿"下，抱着试一试态度的钱某，在他手机上填写了申请发了出去。4月中旬，一把锃亮的轮椅就到了他手上。用上轮椅后，他觉得自己的腿脚顿时有了"小轻松"。

三、责任效率"实打实"

在中国残疾人福利基金会成立 30 周年之际，习近平总书记致贺信指出："残疾人是一个特殊困难的群体，需要格外关心、格外关注。"[①]残联是党联系残疾群众的桥梁和纽带，其重要使命是把助残工作做到最基层，确保"一个都不能少"。

（一）进门访情结亲"心连心"

2017 年 10 月 10 日上午，上向徐村一个 78 岁的聋哑老人背起锄头下地干活。谁都不敢相信，这就是一个多月前被医生下了病危通知书的老人。他是村里的孤寡半聋哑老人，平日身体还算健朗。一个多月前，村里的网格员巡查发现他病重躺在床上无人知情。网格员立即拍照上传至"村情通"。当天，村委张委员就将生病的老人送到县人民医院治疗。经医生诊断，老人因重感冒未及时治疗引起肺气肿压迫心脏，病情危急。张委员为老人办了住院手续，并请来护工，还找了一名熟悉哑语的村民与其沟通。待一切安排妥当后，在"村情通"上实时反馈，直到老人康复出院。

习近平总书记曾告诫群团组织"要克服自弹自唱、自娱自

---

① 中共中央文献研究室编：《习近平关于全面建设小康社会论述摘编》，中央文献出版社 2016 年版，第 142 页。

乐、隔空喊话、封闭运行的倾向"，而要"进万家门、访万家情、结万家亲，经常同群众进行面对面、手拉手、心贴心的零距离接触，增进对群众的真挚感情"。① 很显然，像这个 78 岁的聋哑老人之所以能得到及时有效救助，关键是因为承担基层治理任务的网格员和残联工作人员坚持身入、深入和心入。坚持"进万家门、访万家情、结万家亲"、与残疾人"心贴心"，再怎么加强，都不为过；再怎么重视，都大有价值。

（二）不闪不避不躲"像家人"

在"村情通"的众多入驻部门里，残联是业务上报最多、最完全的部门之一。但他们"不闪"，工作就是要将政府给老百姓的实惠、对弱势群体的帮扶实实在在、明明白白地摆出来给大家看。同时，"不避"，在这样一个快捷的村务信息公开平台上，所有残疾人的疑问咨询、相关政策享受的透明度和公正度，都直观明了展现在平台上，极大地方便了残疾人群体、残疾人家属。哪家领取了助学补助，哪家享受了"两补"政策，还有什么好政策别人有但自己没有，都可以通过"村情通"公开栏的公示看得清清楚楚。残联工作人员没有任何"权力寻租"的操作空间，在与办事群众接触的过程中，他们常常又发现"新增残疾人"，工作人员"不躲"，而是将心比心、

---

① 中共中央文献研究室编：《习近平关于社会主义政治建设论述摘编》，中央文献出版社 2017 年版，第 197 页。

尽量帮扶，残疾群众评价他们"像家人"。

案例4-6 "看不得这双颤抖的手"

考虑到部分残疾人残疾等级严重，地处偏远、交通不便且子女不在家，残联决定每季度联系医院有鉴定资质的医生开展上门办证服务。2018年3月，医生正在为瘫痪卧床的陶奶奶进行残疾鉴定，同村81岁高龄的王奶奶来串门。办证人员看见王奶奶不停颤抖着双手。随行的残联专职委员相告，王奶奶还未办理残疾人证，因为她家非常困难，她的儿子前几年查出鼻癌，儿媳和儿子离婚，小孙子一出生就有血管瘤，家里的钱都因看病花完了，生活非常拮据。王奶奶还得挣钱贴补家用。"看着这双颤抖的手心痛"，办证人员看见王奶奶手背上一条长长的血痕，得知是编竹篾时被划伤。现场鉴定后，及时为王奶奶办理了残疾人证。

（三）不懒不盲不拖"快节奏"

以往，乡镇残联专职委员大多在8小时之外走访残疾人。如今，有了"村情通"，他们并未懈怠，依旧坚持走访，但走访更有目的性了。村里的网格员接到有关残疾人的反映诉求后直接联系乡镇残联的工作人员。工作人员就会带着问题上门，这样，入户率达到了，对残疾人家庭情况更熟悉了，群众对残联工作的满意率也随之提升。

依托"村情通",还建立了数字化残疾人服务档案库,服务残疾人工作实现"掌上化",调取档案资料更方便。对于"村情通"上反映的问题,县残联启用三级问题、三级分流、三层解决的工作反馈监督机制:一级问题,由村"两委"和村网格员处理,3天内办结;二级问题,由乡镇网格员协同残联专职委员协调处理,5天内办结;三级问题,由县级平台跨区域跨部门协调处理,7天内办结(涉及行政处罚的,按法定期限办理)。这样一来,彻底避免了残疾人问题反映后的"拖延症",切实提高了服务残疾群众的能力和效率。

案例4-7 "一年变成三个月"

2018年2月26日17:16,泽塘村的一个重度弱视残疾人通过"村情通"了解到残联的"助听助明助行"工程后,立即提交了想获得一部助视器的申请。村网格员看到申请后,马上联系镇里的残联专职委员。次日上午11:55申请获得通过。随后,他被列入第一季度的帮扶对象。5月10日上午,助视器厂家现场验配安装。从申请到安装,前后不到3个月,这在以往至少需要1年。

第三节　乡村振兴乡贤助

　　乡贤是宝贵资源。中央一号文件明确提出要"积极发挥新乡贤作用"。在工业化、城镇化加速推进，大批乡村精英流向城市，一些乡村出现人口"空心化"、人才匮乏等现象。加快形成新乡贤和乡村社会结构的有机融合，有利于促进公共服务普及与公序良俗形成，构建兼具乡土性与现代性的现代乡村治理模式，更裨益乡村振兴和决胜全面建成小康社会。2017年以来，县里利用"村情通＋乡贤会"的形式，组建县乡村三级乡贤平台，进一步盘活了乡贤资源，聚合了乡贤智慧。

一、回望家园"路漫漫"

　　截至2018年5月底，全县共有登记入库的乡贤1128名，绝大多数都是"不在场"的寓外人士。他们年轻时出去奋斗，成就事业后回馈桑梓。虽然，在资讯发达、联系畅通、往返方便的现代社会，他们回到家乡或者获取家乡的信息并非很困难，但出于时间、精力和成本考虑，往往很少返乡回家或主动了解家乡信息。一些乡贤表示，"少小离家老大难回，回望家园'路漫漫'"。

（一）家乡信息掌握难

长期寓居于外的乡贤，往往来不及关注家乡不断发展变化的经济社会情况，加之没有建立长效沟通机制，双方都产生了注意盲点，存在严重的信息不对称。尽管他们有服务家乡的意愿、拥有资金和项目，也不缺知识、眼界，但因为对家乡的信息掌握不是很全面，对自己能够为家乡带回什么或者能为家乡做些什么，也不是很清楚。由于没有明晰的判断和规划，方向不明、目标难定，在犹犹豫豫、想回不回之间，也就无法真正实现资金回流、项目回归和人才回乡。

（二）参事议政不容易

实施乡村振兴、参与乡村治理、引领乡风文明，新时代的乡贤更需要积极主动回归家乡参事议政。村内长辈希望乡贤能够接续优良传统，传承家园文化，维系秩序伦理，同辈也盼乡贤能够常回家，以其榜样示范影响村内青少年。有乡贤坦言："我们身在他乡，心中惦记家乡，也想参与家乡事务，但感觉不容易。"回乡参事议政，比较消耗时间，过程相对繁琐，有些乡贤意愿不强。同时，有些乡镇和村召集乡贤到场，但因为前期酝酿不够、准备不足，一些重大事项形成不了统一的意见建议。

（三）联络交流非常态

多年前，县里没有指定专门部门负责乡贤这块工作，也没有建立正常、稳定的乡贤联络联谊制度，一般都是由乡镇自行操办乡贤回乡活动。虽然后来也有很多的村庄成立了乡贤参事会，让乡贤和家乡人能齐聚一堂、畅所欲言，但终归聚少离多。由于没有分类、立卡、建档乡贤数据库，也没有搭建家乡与乡贤、乡贤与乡贤之间通畅的桥梁和纽带，致使很多乡镇对乡贤底数不清不明，更谈不上借乡贤之名、借乡贤之智、借乡贤之力助推乡村振兴了。

二、"村情通"里"通"村情

"村情通"的出现，打破了原有的尴尬局面。工商联承担了联络乡贤、聚集乡贤的职责，并顺时顺势探索以"村情通＋乡贤会"为基本形式的凝聚乡贤回归的捷径，较好解决了寓外乡贤对家乡信息掌握难、参事议政不容易和联络交流非常态等问题。

（一）建立可移动的家乡信息发布新阵地

在"村情通"的村情概况、村情动态等页面链接家乡发展新闻、家乡美景美图、村内重大活动信息和招商引资政策等信息，开设乡贤好故事、创业好故事等线上乡贤馆、乡贤榜、乡贤墙栏目，聚集乡贤资源，弘扬乡贤文化。同时，开发互动交流平台，借助手机终端，建立了可移动的家乡信息发布新阵地，有效扩大了乡贤了解家乡信息的渠道，也增进了乡贤与家乡人的互动交流。有了"村情通"，村里可以在上面发布信息、告知喜讯，乡贤也可以在上面留下身影和话语，大事小事都能通过图文形式直观呈现、第一时间发布，双方信息不再闭塞。

游子之心始终与家乡相牵。距今已有 700 多年历史的泽随村，是第二批全国传统村落、省历史文化名村。近年来，县里、镇里与时间赛跑，修缮了 70 余幢古建筑，但仍有一半古建筑濒临消亡、流失。为留住古村落、古建筑，2018 年 3 月，工商联、文广新局、镇政府在"村情通"上联合发布"认领""认养"古建筑的倡议书："衷心期盼各位乡贤，回归乡土，通过出资修缮、认领认养等形式，共同投身古建筑保护行动，共同留住历史、守望乡愁。"倡议书发出仅一周，就有 4000 多人次点击阅读。其中，不少乡贤纷纷跟帖咨询"怎么领？""有具体联系方式吗？"

（二）建立信息化智能化参事议政新机制

以"村情通 + 乡贤会"为抓手，搭建 24 小时沟通交流平台，不定期向乡贤通报乡镇、村经济社会发展情况，线上听取乡贤反映的意见，线上商讨协助参与社会治理、公共服务的相关工作，构建"线上线下无缝对接"帮扶新模式。相关职能部门在线上当"媒人"，精准对接乡贤帮扶项目，破解乡贤资讯不灵、政策不明、项目不清等问题。定期或不定期邀请乡贤组织主要负责人列席重要会议，主动征求乡镇、村经济社会发展方面的重大决策、重要工作等的意见建议。线上线下并行的参事议政机制，激起了乡贤强烈的家乡情结。他们重承诺更重行动，为村民提供技术项目、健康保健、休闲旅游、农产品销售、用工需求等信息。

（三）建立线上线下共同发力的联系联络机制

想方设法多渠道完善基础数据。将所有寓外乡贤的资料、信息分门别类归档入库。建立县处级领导联系寓外知名乡贤制度，推出乡贤工作重点部门联席会议制度，细化各部门工作职责，为乡贤参与重大决策开辟"绿色通道"。线上，开通寓外乡贤人才微信群和"寓外乡贤"窗口，构建网络交流互动空间。征集、组织"寓外乡贤故乡行"活动，即时全程直播，让未返乡参加活动的乡贤也能感受家乡发展变化。线下，实地走访回乡省亲的乡贤，开展座谈、论坛等交流联谊活动。

三、乡贤乐为家乡作贡献

"严村自然条件好，周边有数个'红色'旅游景点，现在我们在大力发展全域旅游，我觉得民宿发展前景很好！"在杭州从事服装贸易的某乡贤，看上了严村竹溪谷得天独厚的生态环境，决定在这里建一批民宿。2017 年底一期项目已完成并开始营业。建好交流的平台，促进了乡贤的回归；引来了高端项目，促进了资金的回归；扶助了乡里乡亲，促进了情感回归，这是寓外乡贤积极回归的一个缩影。

（一）公益反哺润桑梓

"生活富裕了，不应该只是自己的'小家'好，家乡这个'大家'更应该好起来、美起来。"有的乡贤生发感慨，在外乡贤通过"村情通"了解到家乡翻天覆地的变化，更加坚定了让家乡绿水青山变成金山银山的信心。他们积极参与家乡的小城镇环境综合整治、"乡韵庭院"创建、村庄公共基础设施建设，融入农村公共服务供给的增进和农村生态人居环境的改善。如莲塘村的一个乡贤，针对村集体经济薄弱的情况，带头捐资认领清洁塘当上了改造杜山溪的"河段长"。在清河治塘治水行动中，100 多位乡贤通过"村情通"捐资了 900 多万元、认领了近 200 口水塘。

（二）项目回归促发展

一大批能干事、会干事、干成事的乡贤回归，不仅带来了资金、项目、技术，还部分解决了农村劳动力闲置问题，让村民既长见识又涨钱包。2017 年以来，共推荐聘请乡贤认领项目 120 个，共约 35 亿元。2018 年 4 月，在第三届龙商大会暨乡贤大会上签约了不少"高大上"项目：在天池村建设集"智慧中药文化产业区、智能中医体验区、中药文化展示旅游区、健康医疗养生区和综合配套区"为一体的天池药谷项目；在缪家村投资建设 300 亩"中黄 3 号"黄茶选育、研发、加工的全县黄茶产业发展项目；在后田铺村依托婺剧文化公园开发精品民宿助力乡村旅游业发展项目……这些美丽经济项目的落地，直接带动大批群众增收致富，加速了乡村的发展和繁荣。

(三) 引领乡风正能量

乡贤有古今，文化长积淀。乡贤文化扎根于乡村，是中华民族代代相传的传统文化的重要组成部分。进入新时代，弘扬乡贤文化在优化治理、淳化民风、维系伦理、涵养乡风等方面具有"风向标""稳定器"的作用。

各乡镇、村推行"村情通 + 乡贤会"恳谈的做法，"乡贤会"在线下恳谈，乡贤、干部和群众代表围绕环境污染、征地拆迁、产业发展、诉求表达、矛盾调解、法律服务、村务监督等方面事务和活动展开讨论商议，将不在场的乡贤和群众归拢在"村情通"上进行线上交流，收集热点、难点问题，以此弥补村"两委"在公共决策和公共服务等方面的不足。同时，聘请乡贤担任智囊顾问，于潜移默化间让村民行为有法度、价值有引领、操守有规范。

第四节　金融扶农促民生

金融是国民经济命脉，金融业的健康稳定发展关乎经济稳定大局。长期以来，因为金融开放度、利率市场化不够和传统垄断等原因，国内很多银行背负了"暴利""嫌贫爱富"等恶名、骂名，不少群众不愿意和银行打交道，却又不得不与之打交道。在这当中，既与部分银行作风低下、业务刻板僵硬有关，也与群众对银行了解不充分、银行和群众缺乏互动有关。2017年4月，作为农村金融的重要力量，龙游农村商业银行股份有限公司（简称"农商行"）入驻"村情通"实施金融扶农促民生。

一、供给曾经有"隐忧"

自金融服务植入"村情通"，不到一年时间，已在平台上受理客户1523人次，贷款预约742笔，信用卡业务预约226笔。其中，98%的业务来自农村群众。这样的业务量在以前，是想都不敢想的，因为曾经的金融供给出现过"隐忧"。

（一）传统对接"慢如牛"

在"村情通"推广前，存款贷款都是人找人、点对点、一户顺着一户走，有很多农户因为住得分散或者外出打工、经商，银行工作人员联系客户时，常常白跑一趟或吃"闭门羹"，信息不对称成为银行与农户建立合作关系的"拦路虎"。农商行后来将"普惠大讲堂"、金融便民流动服务车与金融宣传、业务办理"串联"起来，加强了进村频度。但是，仍存在通知不到位、百姓不知情等问题，客户经理、金融信息员还得挨家挨户通知，村"两委"成员也帮忙上门告知，既费时又费力。"普惠大讲堂"常常遭遇到尴尬，因为农户住得散、路途远，没收到通知的不会来，有收到通知的不愿来，工作人员精心准备的活动常常不得不取消。而金融便民流动服务车进村服务有时间限制，很多村民并不知晓何时会再来。对于山区群众而言，错过了流动服务车，只有三种结果：一是等下次；二是跑县城或乡镇网点；三是放弃办理。

（二）贷款错位"点鸳鸯"

由于资本的天生逐利性，不少银行往往是"看人下菜碟"，对申请贷款的人群分"等级"，给职业稳定、收入丰厚或经常购买理财产品、基金或有信托大额存款的人"入场券"甚至是"优待证"，而对相对弱势的群众，给的是"冷脸"甚至于"闭门羹"。农商行以前也存在过贷款错位发放、"乱点鸳鸯"的问题。比如，某村民急需贷款 10 万元用于运输业务，但银行只贷了 2 万元，而同村另一村民养鸡养鸭，向银行申请 3 万元扩建场地，但银行却"鼓动"他贷了 13 万元。面对如此借贷经历，两个人啼笑皆非。

（三）柜台操作"站着堵"

数量庞大的农村群众是农商行的主要服务对象。农民在新春佳节、春耕秋种、孩子读书季、家有病患、重大节会等节点对金融的需求很旺盛，到银行办理业务者会剧增。特别是今年春节期间新上线积分兑换系统后，村民通过积分兑换礼品，在一定程度上调动了储贷兑汇业务。但村民的积分只能在大堂网点查看，于是人群就拥堵在网点营业大厅开展积分兑换，大堂经理常常应接不暇。由于大厅场地有限，人太多连坐的位置都没有，工作人员的接待能力也有限，群众只能堵在柜台前，而且是"站着堵"。

二、"村情通"打"拦路虎"

听闻一些部门应用"村情通"提高了办事效率、改善了服务、赢得了群众口碑后，农商行立即引进了"村情通"，力图打掉业务上的"拦路虎"。

(一) 在线发布"人人懂"

农商行在"村情通"上开通了四大功能模块、13个服务模块，让广大农村老百姓真正获益。同时，把最新动态信息、最新产品信息、服务项目内容、金融知识要点等及时发布到"村情通"上，引导农户通过"村情通"参阅金融板块服务功能，促使"村村通"向"人人懂"转变。群众只要在手机上"点一点"，就能了解银行的"前世今生"、产品服务种类以及在推进普惠金融工程建设中的亮点工作，及时了解热门的金融防险知识，知晓离自身最近的金融服务网点、机具布放点以及服务客户经理和金融信息员等信息。

案例4-8 "村情通"用得"溜"

三和村"丰收驿站"的金融信息员很早就加入了"村情通"。以前需要挨家挨户通知的活动，现在一键搞定。"确实方便啊，以前根本不知道这个嘛，只知道存钱、取钱！"该村50岁的张大叔，手机用得挺"溜"，谈到"村情通"，着实很服气，"想不到还有这么多功能！"银行工作人员也有今非昔比之感。自从农商行连上了"村情通"，提前在平台发布"普惠大讲堂"活动预告，包括时间、地点和主要内容等，村民一目了然，哪怕村"两委"、金融信息员偶尔没有及时传达，也场场爆满，宣传效果空前。

（二）精准借贷"接地气"

链接"村情通"后，农商行更注意将信贷业务"脱虚向实"作为工作重心：加大"三农"信贷款量投放，精准定位"三农"目标客户，精准挖掘"三农"行业需求，精确把握"三农"行业市场，加速"三农"贷款流程。比如，2017 年 6 月，姚某申请增贷，但客户经理通过在"村情通"与其深入交流，得知他要投资的项目风险太大，就没有给予支持，建议转换投资内容。事实证明，客户经理的判断是准确的，让姚某避免了重大损失。

案例 4-9 "犯愁"的稻子颗粒归仓了

2017 年夏季，稻子成熟了，种粮大户本应该高兴，但半爿月村党员种粮大户王大伯却犯了愁：农场 520 多亩金灿灿的稻子，因农机具不足，加上天气阴晴不定，严重影响收割进度。发愁之际，他随手打开"村情通"，农商行"星级党员信用贷"的产品宣传栏赫然在目，这让他一下释然。

当年 4 月，农商行创新"党员 + 金融"服务模式，推出星级党员信用贷款，对评定为五星级、四星级、三星级、二星级信用的党员在原来授信信用额度的基础上，分别再增加 20 万元、10 万元、5 万元和 3 万元，贷款利率按原所属行政村信用贷款利率执行基础利率上浮的基础上再分别优惠减点 10%、5%、3% 和 1%。王大伯前段时间被评为五星级党员，这款贷款产品正好符合他的需求。喜不自禁的他马上在"村情通"上申请预约。客户经理当天就送来"及时雨"。一笔 20 万元的信用贷款签订了。对他这样的五星级党员，不仅贷款免抵押、免担保，一年还能省 7500 元利息。

（三）在线办事"零跑腿"

如今，村民通过手机操作"村情通"就可以线上办理业务，大大提高了办事效率。通过业务预约功能，哪怕是躺在床上，也可将自己的金融需求上传至"村情通"，银行后台人员收到业务预约需求后会立即将信息反馈至管片客户经理。其实，"村情通"就像一个"服务超市"，接入银行贷款预约、大额存款预约、大额提现预约等服务功能，实现了农民"在线办事、指尖办事"，最大限度实现了"最多跑一次、跑也不出村"。

案例 4-10　足不出户办贷款

"山好水好风景好，就是进城办事远。"枫林村地处偏远，许多老百姓进城办事得提前准备大半天。叶女士身怀六甲 8 个月，老家急需一笔钱，她想去银行取钱，被邻居劝回了。邻居为她打开"村情通"，获知农商行已发布金融便民流动服务车信息，第二天早上 9 点会进村服务。小南海镇陈某是超市老板，需扩大业务，手头又没资金，心中苦闷。"可向农商行预约贷款，还不用跑腿！"邻居向他推荐"村情通"，将信将疑间他点了贷款业务预约功能。第二天，客户经理便上门为其办理好贷款业务。

三、转型升级促民生

目前，"村情通"已覆盖全县所有行政村，农商行也紧扣金融助力乡村振兴这条战略主线，加快原有模块升级改造，以提升业务功能、场景功能和体验功能。

（一）升级业务预约

2018 年初，农商行向省联社提交增强业务预约功能的升级需求：客户的预约需求信息通过数据接口接入银行后台大数据库，通过大数据分析，实时把分析数据发送到网格内相关责任人，并由责任人以电话或短信方式回复给客户。符合条件的进行预受理，做到专人对接，服务精准，及时回复，极大提升了服务精准度和效率。

（二）推进线上融资

农商行计划在"村情通"上新增线上融资功能。通过大数据分析，对符合准入条件的客户实行自助申贷、自助授信、线上审批、自助用信等"一条龙"服务，免去国内许多高息小额贷款公司、P2P 公司的融资诱惑。

（三）拓展智慧支付

为方便支农惠农、扶贫助残等项目补助资金及时发放到农户，农商行拟增设智慧支付菜单，通过链接银行"丰收互联"或手机银行端口，实现支付、代收、代发功能。代发单位也可将补助资金的发放清单提交到平台预受理菜单中去，通过线下实现"T+1"（即第二个工作日到账）发放，农户可通过查询界面，实时查询账户变动情况。

小 结 ▶▶▶

在"互联网+"时代，各群团组织纷纷"触网"，主动融入新媒体，强化了履行职责、服务群众的能力和担当。依托"村情通"赋予了妇联"新动能"，实现了助残服务"零距离"，为乡贤会这样的社会组织助推乡村振兴加注了"新动力"，也为农商行这样的市场主体助农惠农提供了"新空间"。"历史活动是群众的活动，随着历史活动的深入，必将是群众队伍的扩大。"①唯物史观认为，人民群众是历史的真正缔造者，是推

---

① 《马克思恩格斯文集》第 1 卷，人民出版社 2009 年版，第 287 页。

动社会变革、社会革命的决定性力量。坚持人民主体地位、尊重人民首创精神，是马克思主义政党同其他政党的重要区别。"村情通"的鲜活实践充分说明，只有坚持乡村治理的"共建"原则，才能奏响现代化治理"大合唱"的最强音符。

思考题 ▸▸▸

乡村治理要依靠哪些主体"共建"？

第五章

共治：
铺就智能化治理的"奠基石"

党的十九大报告首次提出"打造共建共治共享的社会治理格局"并强调"健全自治、法治、德治相结合的乡村治理体系",为新时代加强乡村治理、夯实基层基础提供了遵循、指明了方向。自治"内消矛盾",法治"定分止争",德治"春风化雨"。过去,依靠"熟人社会"进行自治,而如今随着城镇化进程的加速和"陌生人"社会的出现,只有"三治结合"形成"三共并举"铺就智能化治理的"奠基石",才能为乡村治理带来新活力、新动力。

第一节　村民自治齐参与

　　人民是国家的主人，农民是农村的主人。没有农民的积极参与与合作，乡村治理现代化是不可能实现的。多元化治理是现代治理的一个重要特点，在新时代乡村治理现代化过程中，农村群众主体作用的发挥至关重要。《中华人民共和国村民委员会组织法》（简称《村民委员会组织法》）第二条规定：村民委员会是村民自我管理、自我教育、自我服务的基层群众性自治组织，实行民主选举、民主决策、民主管理、民主监督。党的十九大强调"扩大人民有序政治参与，保证人民依法实行民主选举、民主协商、民主决策、民主管理、民主监督"。

　　20 世纪 80 年代以来，村民自治在乡村自我管理、自我教育、自我服务、自我监督方面起了很大作用，但是在现行行政体制下，基层政府成为公共服务和社会治理的主力军，群众的主体性不彰。主要表现为以下三个方面：

　　一是群众参与度不足。随着社会的快速发展进步，部分农村群众对参与民主决策、村庄管理、监督村务等民主诉求增加，但由于缺乏参与自治的载体，缺少民主协商的途径，农村群众参与治理难。

二是村务公开流于形式。村务公开存在形式单一、内容不全面、缺乏时效性等问题，甚至避重就轻、笼统模糊，村民难以实行有效的民主监督。

三是民主决策中民情民意体现不足，甚至出现村干部包办村务决策、行政命令取代村务决策的现象。

通过"村情通"，推动"全科网格"转变为"全民网格"，破解了群众参与治理难的问题，实现民主选举、民主协商、民主决策、民主管理、民主监督，最终促成人人都是治理者、个个都是主人翁的全民自治格局的生成。

一、民主选举：投出神圣的一票

在《中华人民共和国村民委员会组织法》中，民主选举权位于村民四大民主权利之首。在现实生活中，选举权也是最受村民关注的一项权利。从某种意义上说，村委会是否通过民主选举产生，是检验村民自治程度的重要标准。民主选举成为反映村民意愿、维护村民利益的有效路径，但是也碰到了村民消极参与和过度竞争甚至贿选的问题。"村情通"将村民的民主选举权利和程序放到阳光下，提升了村民的民主意识，激发了村民参与自治的主观能动性。

（一）在线宣传：从不甚了解到心中有数

在以往的选举中，总会出现部分村民消极参与、随便委托他人代选甚至弃权的现象。"村情通"在选举前就发挥自己的平台优势，呼唤村民参加选举，将村民享有的权利、流程、相关规定明明白白"亮"出来，正面引导村民正确行使民主选举权，村民对选举从一开始的不甚了解走向心中有数。选举成为一次民主训练，逐步培养村民有序、包容、理性和负责的现代公民意识。

（二）在线互动：从感性选择到理性投票

行政村调整后，尤其是外出流动人口增加，干部不了解民情、村民不了解干部的现象普遍存在。选民对候选人一无所知的情况也不鲜见，很多村民还是凭着家族亲疏的感性认识来进行投票选举，直接影响了选举的客观公平。"村情通"搭建了干群之间的桥梁和纽带。即使是常年在外的村民，也可以通过"村情通"中的村情村务和党员干部实事"积分榜"对村庄发展、党员干部履职情况有全面、准确的了解，从而在民主选举中更易做出真实的判断和理性的抉择。

（三）在线公示：从阶段性参与到全过程监督

以前，对于大多数选民来说只有在投票的那一刻才能感觉到自己是村民自治的主体，而对于整个选举的流程知之甚少，这客观上为贿选留下了可乘之机，也容易造成村民对选举的不信任、不支持。"村情通"将候选人情况、竞选演讲、选民票数、选举进程、履职承诺都进行实时公示，全程接受村民监督。村民从阶段性参与选举走向全程参与、全程监督。比如，在 2017 年全县村社换届中，通过"村情通"上的选情动态反映有 2 个村存在贿选行为，组织、纪检监察部门迅速介入，及时控制并降低了局部贿选带来的负面影响，这对选民也是一次及时有效的警示教育。

此外，"村情通"后台的一键选取功能还从技术上提升了选举工作效率，大大缩短了选民资格的认定时间。2017 年全县村级换届选民资格的认定时间，从原来的 3 天缩减到 3 个小时，准确率高达 100%。

二、民主协商：众人的事众人商量

有事好商量，众人的事情由众人商量，是人民民主的真谛。社会主义协商民主，是中国社会主义民主政治的特有形式和独特优势，是中国共产党的群众路线在政治领域的重要体现。但是，基层协商民主却往往缺乏有效沟通的渠道。在"村情通"开通"协商民主"板块，在民主协商方面开展了有益尝试，希冀做到众人的事情众人商量。

（一）民主协商的形式更直观

以往在农村，因为全体村民大会召开的次数比较少，村民代表会议成为民主协商的主要形式。参加会议的是少数代表，村民代表会议怎么开、讨论什么，做了什么决定，跟自己有什么关系，大多数村民并不知情。少数村民代表成为会议信息的掌握者，代表与村民之间形成一定的信息壁垒，上情下达、下情上传都受到阻碍，干群距离进一步拉开，也助长了村民的政治冷漠情绪。

有了"村情通"，把村民代表会议讨论的议题、参加的对象、做出的决定全部"晒"到网上，有利于村民了解村情、表达意愿，也促使村民代表更好履行自己的代表职责。此外，"村情通"还设置了"村民论坛""村民信箱"等板块，使村民参与协商民主的形式更丰富、更多元。

（二）民主协商的内容更丰富

"村情通"组织引导群众围绕基层党建、村庄发展、和谐稳定等方面内容，共商共议村庄大事要事、热点难点问题，广泛听取群众尤其是外出打工村民的意见建议，做到"众人的事众人商量"。以往协商的议题往往由政府行政下达或村"两委"决定，现在村民的意见建议也能成为协商的议题。比如，有村民在"村情通"上反映村民放养狗的事，不仅狗粪影响环境卫生，还会给小孩、老人带来安全隐患。于是，村"两委"讨论制定村里圈养宠物的规定成为最近会议协商的重要议题。"制定好了，就公示，巡查的时候也可以向村民宣传了。"村干部如是说。

（三）民主协商的结果更有效

把"钱怎么花""项目怎么定""建设怎么搞"等村民关心的大事要事放到"村情通"上讨论，让民意在上面表达、民智在上面施展、民心在上面凝聚。比如，张王村在"协商民主"

图5-1 "村情通"上公示年度财务支出预算

板块公示 2018 年度财务支出预算，列出所有款项，评议时间为一个月。板块下方设有点赞、否定及评议功能，村民能够充分表达自己的想法和意愿，并对最终的决策产生影响。"协商民主"板块的投票功能在村庄整治、道路建设等重大事件中都发挥了重要作用，经过充分协商的项目实施过程中也更易赢得群众的支持和理解。

三、民主决策：大事要事百姓"说了算"

民主决策是村民自治的一个重要环节。民主决策和民主协商密不可分，从一定程度上讲，民主决策是民主协商的结果。在基层的村民自治实践中，时常存在民意缺位、行政命令取代村务决策、村干部包办村务决策的现象。"村情通"利用线上线下的互动，在民主决策上作出了有益尝试，为每个村民成为决策者提供了技术上和制度上的可能。

（一）线上的技术支持：村庄大事小事村民来讨论

相比原来村干部包办村务决策"为民做主"的现象，"村情通"在线讨论村庄大事要事、热点难点问题，广泛听取网上群众的意见建议：决策前听意见，决策中看程序，决策后听反馈。村民还可以在线提出新的讨论事项和议题。

（二）线下的制度保障：村民的问题"两委"来研究

以往，村"两委"单纯执行行政命令。如今有了"村情通"，这种现象得以大大改观。结合网上民意诉求，每个行政村都设有联席会议日，主要讨论研究村集体的各项财务支出、村民建房等民生事项及村民议题，由支部会议"提"、村民议政会"议"、村民代表大会"定"，着力解决村民关心关注的热点难点问题。通过线上的民情互动、线下的走访落实、线上线下的需求呼应、问题解决、评价反馈、信息完善，群众诉求和公共服务形成了一个良性循环，确保民主决策落到实处。

四、民主管理：人人都是网格员

没有群众，不能充分发挥发动群众、组织群众的能动作用，乡村治理就没有坚实的力量支撑。现代社会治理与传统社会治理的最大区别，在于治理主体和治理力量的多元化。"村情通"的背后，关键在于有一个强大的服务团队，关键在于实行乡镇和部门派驻干部"组团驻村"机制：以乡镇、部门派驻干部为核心力量，全科网格"一长三员"（网格长、网格指导员、专职网格员、兼职网格员）为骨干力量，以各群团组织、社会组织、村民为基础力量。随着"村情通"的普及，户均至少1人关注之后，村民成为乡村治理的主体力量，每个村民都自觉成为"网格员"。"全科网格"迅速升级为"全民网格"。

村民广泛参与乡村公共事务治理，呈现出从所未有的热情和能量。

（一）网络平台使群众"能"参与治理

移动互联网使乡村居民更加便捷地融入信息社会，农村移动互联网网民数量逐年攀升，智能手机大量普及。应运而生的"村情通"搭建了群众参与乡村治理的平台，畅通了干群互通的渠道。通过"村情通"，户户连成了"朋友圈"，有效破解了外出流动人口参与治理难的问题。

（二）内容设置使群众"愿"参与治理

在行政村建设"村情通"民情档案库，把村民最关心最"接地气"的户籍、土地、住房、务工、村务（党务、社务）公开等40余项民生信息电子化、掌上化，村民可实时查询，实现"云服务"到户、到人，真正成为农村干部群众"用得来、用得着、喜欢用"的掌上信息库。

（三）常态互动使村民能够"常"参与治理

村民通过"村民信箱""随手拍"等板块，随时随地参与村庄事务治理、评议和监督村党员干部、上传意见和建议，实时曝光脏乱差、矛盾隐患、平安建设等问题，并对其进行正面点评和督促整改。比如大雨过后，有个村民发现主村道上有3棵银杏树倒在了路中间，于是通过"村情通"中的"随手拍"

及时上传反映。村网格员随即将情况上报网格长，网格长立马安排人将翻倒的树木重新栽种，当天上午就将险情处理完毕。村民有反映，政府有反馈，及时有效的在线互动常态化使村民参与治理的积极性大大提高。

与此同时，"村情通"和"全民网格"构成了线上、线下两张服务管理网，互为补充，相得益彰。"组团式服务"推动关口前移、重心下移、资源下沉，网格员通过手机端实现巡查现场留痕、信息即时处理、结果完整反馈；村民通过"村情通"实现村情动态浏览、村务实时监督、事项网上办理，进而形成扁平化的治理结构和"链条"式的运行机制。"看得见、管不着"的矛盾有效得到了解决，真正把问题解决在基层，把矛盾化解在基层。

案例5-1 "村情通"成"百事通"

"您好，山前一根电线掉在地上，请村委及时处理。""叮咚"一声，一村民将编辑好的求助信息发到了"村情通"的"村民信箱"里。

"当时没想到打电话找维修工，第一时间就想到了'村情通'。"回想起那天的情形，这位村民自己都有点过意不去。她觉得在别人看来，一根电线不值得麻烦村委，但那根电线就落在她每天必经的路口，像一颗"定时炸弹"一样，随时都有可能给路过的行人带来危险。"隐患不除，难以心安。"那天早上，她要赶着去厂里上班，为了尽快消除隐患，立即向"村情通"反映了这一情况。"我相信'村情通'，也相信干部的办事效率！"

"村民的信任，就是我们工作的动力。"看到村民的求助信息后，村"两委"干部立马行动起来，实地查看情况后联系维修师傅前往处理。几分钟后，电线就被重新固定在了电线杆上。"没想到这么快，24小时不到就帮我解决了这个后顾之忧！"下班回到家，发现问题已解决，这位村民悬着的一颗心终于放下，随后又写了一份感谢信发给了村"两委"。

五、民主监督：乡村生活充满阳光

民主监督是实现村民自治的重要保障。任何缺乏监督的权力，都是滋生腐败的温床。基于"互联网+"技术、依托于"全民网格"的"村情通"，从一开始就散发出阳光透明、沟通高效等时代气息，让民主的内在特质获得进一步涵养，让民主的运行方式获得进一步拓展。针对村务公开流于形式、村民民主监督难、村干部办事不力甚至"小官大腐"等现象，"村情通"创新群众监督方式，把村级权力运行主动晒在网上，置于群众监督之下。

（一）公开方式：从挂在墙上到晒在网上

村务关系村民切身利益，是村民最关心的方面。虽然以前村村建有村务公开栏，但是普遍存在更新不及时、管护不到位的问题，有些村务公开甚至只有在检查的时候才匆匆忙忙临时张贴。当群众真正需要了解关注的时候，村务公开的纸张早已被撕了，甚至被一些花花绿绿的小广告盖住了。在"村情通"设置"三务"公开板块，每月将财务、党务、村务在线公布，不仅雨淋不湿、风吹不走，而且还有数据保存功能，每月的财务、党务、村务都有一本明白账。让村"两委"、党员、村民代表工作在阳光下，让群众对村务村情看得清清楚楚。

（二）公开内容：从遮遮掩掩走向明明白白

以往的"三务"公开事项存在不彻底、项目不够细化明了的问题，总让人有遮遮掩掩、语焉不详的感觉。"村情通"将"三务"公开呈现得明明白白。小到村庄公共垃圾桶的分配、公共绿地的绿化面积，大到涉农政策资金情况、城乡征迁区块划定等问题，在"村情通"的"三务"公开板块中都会反映出来。村民只需在这个板块点击一下，就可知晓相关信息。如有疑问，还可以随时咨询或投诉。村民在"村情通"的"村民信箱"写信，网格员的手机上就能收到消息，并可以及时回复、处理。

（三）公开时序：从首尾公开走向过程公开

"村情通"创新村务公开方式，实现了事前、事中、事后全程公开。强化实时民情沟通，实现"每村一平台"的常态线上互动。依托"村情通"，通过实时公布党员干部实事情况积分排名及村级重要事项、热点问题接受群众点赞、监督、评议；利用网格员"走访巡查""事件上报"和群众"随手拍""村民信箱"等渠道全方位汇集民情民意，由村"两委"限时办理、限时反馈；在"村民信箱"的回复栏，党员干部向群众实时显示问题处理全过程，并设置评价栏由群众来评判。据调查，2017 年以来，群众对村级事务认可度跃升到 90% 以上，在全省"平安三率"调查中，群众安全感的满意率（98.43%）、参与率（63.44%），调查结果均位列衢州市第一，比 2016 年分别提升了 1.3 个和 7.91 个百分点。

"村情通"公开透明的监督机制倒逼党员干部、代办员将实干从线上落实到线下操办，强化网格责任落实，从客观上防止了腐败现象的滋生。通过不断深化"组团式服务"模式，部门派驻人员、乡镇干部与村网格"一长三员"组团服务，落实认领一批任务、协商一批难题清单。依托"村情通"对特殊群体在线建档，建立监护（赡养人）与网格"一长三员"线上服务联系机制，在线下落实好"看特殊群体健康状况好不好、看精神状态好不好、看生活生产物资足不足"的"三看"责任，及时掌握、解决特殊群体服务需求。

第二节　依法治村讲规矩

　　乡村是中国社会最基层最基础的单元。乡村治理法治化是乡村治理体系和治理能力现代化的重要组成部分，也是全面依法治国的重要基础。改革开放以来，尤其是《村民委员会组织法》颁布以来，乡村治理法治化有了长足进步。但是，受长期乡土社会和行政管理机制的影响，农村依然是法治建设的薄弱环节，主要表现在：一是村规民约作用不明显。虽然绝大多数村都制定了村规民约，但是一直是挂在墙上，尚未深入人心，没有发挥真正的效用。二是村民法治观念淡薄，维护自身合法权益的意识、能力不足。三是信访不信法的现象依然存在。在农村矛盾日趋复杂多元的今天，矛盾的调解和处理考验乡村法治水平和能力。"村情通"立足农村现实，在依法治村上作出了有益的探索和积极尝试，使法治成为维护农村和谐稳定、农民合法权益的有力保障。

一、线上的村规民约：村里的"小宪法"

"没有规矩，不成方圆。"《村民委员会组织法》第 27 条规定："村民会议可以制定和修改村民自治章程、村规民约，并报乡、民族乡、镇的人民政府备案。"村规民约是群众依照法定程序制定的约束规范村民行为的一种规章制度，是基层民主政治发展的重要成果，也是依法治村的一个重要工具。

在古代中国，乡村因地理位置偏远、小农经济模式和熟人社会惯性，孕育了以宗族乡绅为主体、以伦理为约束的治理模式。新中国成立后，国家力量直接进入乡村，传统社会的"乡村自治"走向终结。国家权力利用"政社合一"体制，历史性地实现国家与社会的融合乃至一体化。此种体制虽然推动了乡村社会的根本变革，但也桎梏了乡村社会的内在活力。20 世纪 80 年代以来，伴随我国农村各项改革的不断深入，"乡政村治"的治理模式逐步形成，村规民约再次走入村民生活。村规民约具有接地气、适应性强的特点，但在运行过程中也碰到内容不规范、执行不到位等问题。"村情通"发挥自身平台的公开互动优势，进一步完善村规民约，推动乡村治理走上规范有序的法治轨道。

（一）在线征集意见：村规民约成为基层治理的"小宪法"

25年前，贺田村曾颁布"村规民约"："凡擅自到他人山上挖笋砍竹（木）的，凡抓到者或被人举报属实者，必须承担给每个村民分1斤馒头和放映12场电影的处罚。"这是当年针对山区民间盗伐林木陋习成风而定的"老规矩""土办法"。然而，这条"村规民约"，连村支书劳光荣都坦言"经不起推敲"。经调研发现，"村规民约"普遍存在部分条款与法律法规相抵触、制定程序与约定规范背离、条文内容与时代要求相脱节、实际执行不到位、缺少执行规范的思想基础等方面的突出问题。因而，"村情通"搭建平台，约请法律专家、政法干部、基层法律工作者和乡贤、普通村民等开展充分的在线讨论，以合法性为底线，以现实操作性为目的，在充分考虑民意的基础上进行法律"体检"和"重修"。新版"村规民约"更具有规范性和现实针对性，也更契合群众的需求、更接地气。这些条款涉及公德民俗、生态家园、平安建设、婚姻家庭、土地管理、户口管理等方面。在程序上这些"村规民约"在广泛征集意见的基础上，经村民代表大会表决通过，并报乡镇审定，具有"小宪法"的作用。

（二）在线公布：村规民约成为农民掌上的"一本通"

原来的村规民约写在纸上、挂在墙上，好多群众尤其是外出村民对此并不了解。目前全县所有行政村的新版"村规民约"都植入"村情通"首页。相对于原来的纸版形式，电子化的文本具有更大的流动性，知晓率自然是"水涨船高"。村民碰到困惑和问题，打开"村情通"就可以按图索骥。

（三）在线执行：村规民约成为依法治村的"硬约束"

在村规民约具有针对性的基础上，"村情通"还开展了在线执行。比如，以前农村两户邻居建房，经常会发生矛盾：往往是一个想拓宽自家庭院，一个想多保留滴水位，或因采光问题彼此争执不休甚至大打出手。如今，大家都会按"村规民约"的规约，通过"村情通"申请、村内公告，由乡镇的土地管理员、规划员按标准放样，最后还要公开公示。村民之间无须再争执，对其他村民也是一次学习和教育。"村情通"将违反"村规民约"的行为及处理结果及时公示，村民都称之为村里的"小宪法"，"软文本"产生了"硬约束"。

案例 5-2 "村情通"催生治村"小宪法"

随着经济社会的不断发展，原先根植于传统社会土壤的村规民约因为不能与时俱进，当中的一部分逐渐被人摒弃甚至遗忘。而如今，在振兴乡村的进程中，大部分有用的村规民约仍被当地百姓尊崇为"家法"，被誉为治理乡村的"小宪法"。

得益于普遍使用的"村情通"，目前全县所有的行政村都有了自己新的村规民约。在制订村规民约的过程中，各村把初稿上传"村情通"，方便分散在外的村民参与讨论。在广泛充分吸纳民意后，再由公安、司法、民政等部门的法律顾问来把关，使出台的村规民约更加规范、合法。溪底杜村一名妇女在"村情通"留言栏里提出"美丽乡村建设要严管村容村貌，散养鸡鸭谁抓到归谁"。当时，村里把这条看似有道理的建议写进村规民约初稿，但在线法律顾问反对，认为此举侵犯他人财产权，最终没有写入。

浦山村的畲族历史文化旅游资源优越，新建项目多。有一次，村支书在办公楼角落里发现一块积满灰尘的村规民约牌匾，感到可惜和痛心，决心要赋予其治村的新生命与新活力。"以往，乡里乡亲抬头不见低头见的，治村秩序很多时候要靠人情关系来维持。"村支书说，往年村规民约中的一些陈旧条款已不适应时代潮流，需要添进新内容、重立新规矩。他举例说："每逢村里有项目招投标，就会有很多人上门来说情。因为都是老熟人，往往不好拒绝。如果有个规矩在，大家就好按规矩办事了。"基于民意所需，在"村情通"广泛听取民意的基础上，浦山村等行政村率先修订并实施了新版的村规民约。类似"集体资产处置、项目兴建等重大事项，需报乡镇农村集体资产、资源监管中心审批，需聘请有资质的中介进行评估并报乡镇招投标中心进行招投标"等条款被纳入了治村"小宪法"，并上传至"村情通"方便村民对照学习。如今，浦山村的村容整洁、风景秀丽，成了远近闻名的"桃花源"，吸引了大批游客前来观光。

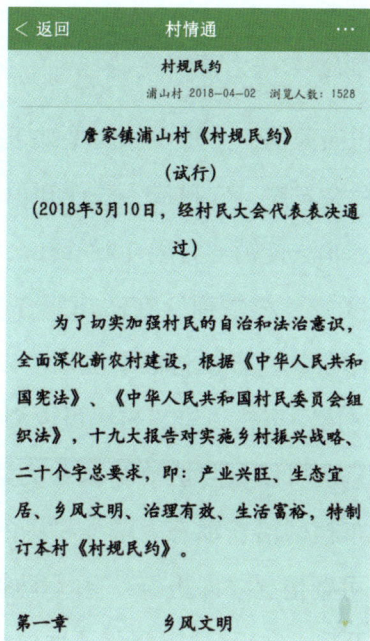

图 5-2 "村情通"上的村规民约

二、掌上平安：群众身边的"保护神"

依法治村是依法治国的重要组成部分，村民法治意识的强弱直接影响到依法治村的实现程度。由于农村发展相对滞后，村民的文化程度普遍偏低、法治意识淡薄，总觉得法律离自己很遥远。把平安建设植入"村情通"，根据群众需求、治安需要设置"全科网格""群防群治""12345""微警务"等板块，将法律宣传、治安服务送到百姓身边。

（一）"群防群治"：法治宣传更贴心

村民法治意识淡薄的一个重要原因是缺乏获取法律知识的渠道。随着经济社会发展，农村成为法律知识普及的"洼地"，也成为盗窃诈骗、非法传销、打架斗殴等社会治安案件的"高发地"和"重灾区"。"村情通"在法律服务板块中推出与村民息息相关的法律条款，方便村民学法用法以提升法治意识。在"村情通"的村情动态栏目里，村民可以浏览到一些蕴含法治精神的微电影，还可以参与法治知识有奖竞猜等活动。"群防群治"及时发布辖区治安动态，增强村民的公共安全意识。比如，"发现这些可疑情况立即报警""春季防扒窃小常识""应知应会的反恐防恐避险常识""提醒孩子远离毒饵站""警惕骗子新招数"等内容，把群众需要的法律小常识、温馨小提醒实实在在送到百姓身边，既普及了法律知识治安常识，也筑牢了平安建设的基础。比如，有个村民通过"村情通"报告网格员，反映有租客行踪可疑。网格员立即上报线上民警，调查确认该租客涉嫌犯罪，警方立即将其控制。"村情通"让越来越多的群众成为平安建设的"生力军"。

（二）"办事大厅"：依法办事不出村

村民办事难一直是个难题：一方面，办事程序不公开、不便捷、过于复杂和随意，影响了村民依法办事的意愿和效率；

另一方面，受传统思想的影响，人治观念在村民心中根深蒂固，村民办事还是习惯于找熟人，缺少依法办事的理念。为解决依法办事难问题，"全科网格"公示网格组成构架，让村民了解办什么事该找什么人。改变各类事项、诉求由群众"往上跑"的工作模式，以村级网点和网格代办为主体，创新推出干部跑、数据跑、物流跑"三跑"机制，梳理"零审批""零跑腿""跑一次""全代跑"清单。同时，在"村情通"设置办事指南栏目，让村民明白什么事该怎么办。根据群众"村情通"反映的各类行政服务办理诉求和疑问进行汇总，将残疾证申请、合作医疗办理、不动产登记、婚姻登记等事项进行梳理，让每个村民通过指南提前准备相关资料。

（三）"微警务"："警察叔叔"在身边

受长期封建传统人治思想的影响，当村民的合法权益遭到威胁时，往往不是运用法律来维护自身的合法权益，而是依靠家族势力，甚至以暴制暴，拳脚相见。"村情通"接入公安"微警务"模块，原来高高在上的"警察叔叔"成了群众身边的"保护神"。在微警务上，开通了户政服务、出入境服务、交警服务、治安刑侦服务、监管服务等内容，除了户籍登记、驾驶证业务、出租房屋登记办理等常见常办事项外，还增加了违法"随手拍"、轻微事件快处理等即时处理事项。比如，对于轻微交通事故，可以通过远程交警定责来进行快速准确有效的处理，而不必苦等警察的到来。在监管服务中，对看守所服刑人员可以进行视频会见的预约和申请。还可以通过法律服务模块约见律师申请法律援助。此外，"村情通"上的"12345"热线板块使群众反映问题更直观，增加了解决问题的时效性和针对性。

三、网上的人民调解："指尖上"的"老娘舅"

随着市场经济的发展和社会现代化的成长，农村矛盾进一步复杂化。但是，村民的法治意识、法治思维并没有很好地树立起来。有的群众在遇到问题时，不是寻求法治的方式解决，而是奉行"信访不信法""大闹大解决、小闹小解决、不闹不解决"等错误理念，指望以违法上访、聚众闹事等方式达到其不正当目的，致使问题更加复杂、矛盾更加激化。由于乡土社会"低头不见抬头见""多一事不如少一事"的惯性，大多数群众遇到的只要不是不可调和的麻烦或纠纷，一般不会选择法律诉讼，更不愿成为法庭被告，而比较多地选择人民调解。人民调解制度是一项具有中国特色的有效化解矛盾、消除纷争的"东方经验"，不仅可以相对及时地调处矛盾纠纷，也可以较彻底地"定分止争"。同时，矛盾纠纷一旦调解成功，双方"签字画押"，就不会轻易产生"剧情"反转，这也是人民群众对人民调解表现出接受和认可的重要原因。"村情通"紧扣"互联网+"时代背景，积极探索"村情通+人民调解"的模式，将人民调解水平提升到了一个新的高度。

（一）第一时间发现第一时间处理

按照矛盾纠纷调处"宜散不宜聚、宜下不宜上、宜早不宜迟"的指导思想，提倡第一时间调解，将矛盾纠纷化解在基层、解决在一线。农村调解员大多从群众中来，对周边群众家庭的基本情况，甚至每个人的脾气性格都十分熟悉，被民间亲切地称为"老娘舅"。但是随着农村人口流动性的加大，行政村的外延也进一步扩大，调解矛盾的"黄金时间"极易错过，直接影响调解效果。"村情通"为人民群众和基层调解员量身打造"指尖上"的调解平台，能在第一时间发现一些矛盾的苗头和隐患，并在第一时间解决问题，及时消除社会的不安定因素。群众进入"村情通"便可快捷获取人民调解的相关信息，接受人民调解服务；人民调解员也可以通过"村情通"开展在线答疑和调解工作，实现矛盾纠纷"随手、随时、随地"调解，与线下调解形成良性互补、深度交融的状态。扁石村村民何某家的闲置猪圈被雨水冲倒，又砸倒邻居邹某的一间附房。邹某多次要求何某做出合理赔偿，但何某迟迟未予回复。邹某抱着试一试的想法，将附房倒塌现状从不同角度拍照上传至"村情通"的村民信箱，村干部看到后，马上安排调解员上门了解情况开展协调。不到一周，何某就当场表态全额赔偿邹某家附房的修缮费用。

（二）线上调解线下调解相得益彰

"村情通"搭建的人民调解平台，为矛盾双方创造了一个充分思考、说理的平台。矛盾双方有些面对面不能说的话、不经大脑脱口而出的过激言论在这里都会变得更加理性，说理也会更加充分。"村情通"创新在线调解模式，即使矛盾双方或者一方不能到场，也能使矛盾得到妥善解决。2018 年 4 月 15 日，塔石镇"村情通"后台收到一起有关"集体池塘私自填埋导致菜地受损而索赔不得"的纠纷舆情。起因是塘里村村民徐某私自将集体池塘填埋且未做排水设施处理，导致相邻村民周某的菜地多次被雨水淹没，村"两委"多次协调未果。镇综治中心立即指派人民调解委员会成员会同村"两委"和一名乡贤开展"网上调解"。虽然有一方当事人不在现场，但都被约在"村情通"上。"模拟法庭"放在"村情动态"上，由周某先介绍情况，也让徐某谈想法，最后调解员详细分析不经众议而填埋集体池塘的不当和危害所在。徐某最后同意将集体池塘恢复原状，并签订人民调解协议书。

（三）群策群力智库阵容更加强大

目前全县共有村级人民调解委员会 269 个，819 名调解员。对于全县 40 多万人口而言，调解员数量并不多。同时，随着调解事项的内容越来越庞杂，从婚姻、家庭、邻里等传统民间纠纷，扩展到公民与法人及社会组织之间的矛盾纠纷，以及土地承包流转、征地拆迁和环境污染等各个方面，调解员靠一己之力往往难以胜任所有的矛盾调解。"村情通"搭建的调解平台，为储备强大的"后援团"和"智囊团"提供了机会与空间。全县 11 个行业性调委会，负责指导并协调医疗纠纷、劳动争议、交通损害赔偿等事务；6 个知名调解员工作室，主要承办上级部门交办的矛盾纠纷，同时履行好建言献策、法制宣传、培养年轻调解员等工作职责；还有 32 个法律咨询团和调解专家组在加大调解工作法律介入力度。"村情通"改变了人民调解员"单兵作战"的现象：遇到重大疑难案件，可以及时组织智囊团讨论研究，群策群力解决问题。

从整体而言，"村情通"将人民调解的作用扩大化。全县调解案件数与信访案件数呈现了"一升一降"的良性循环局面：2017 年全县共受理各类矛盾纠纷 4495 件，同比上升41.7%，调处成功 4426 件，成功率达 98.46%，而同期受理各类信访件下降 13%，法院同期受理的各类民商事案件下降12%。2017 年以来，由村级调解组织调处的人民调解案件占总数的 90.5%。这些调解案例，从起初的在"村情通"上反映，到获得工作人员和调解人员的回应，到线下现场的调解，再到当事群众的理解、接受和点赞，都能在"村情通"上留痕。更重要的是，通过这样一个过程，人民群众对人民调解入脑入心，在潜移默化之中清楚地认识到何为无理或违法、何为有理或合法，与之生产生活密切相关的法律知识不断累积，法律思维不断得以塑造。

第三节　以德治村更和谐

　　法安天下，德润人心。法律的实施有赖于道德的支撑，这是一切良法善治的基石。相比于法治的刚性来说，道德是一种更为持久的直抵人心的柔性力量。德治，类似于传统中医的"调理"，不光要治患者表现出来的"病"，还要从根子上"调理"社会人的体能心态，这样才能对症下"药"、精准敷"药"，从而做到"药"到病除。在中国的历史长河中，德治散发出不可磨灭的光辉力量。随着现代社会的发展，广大农村曾一度出现信仰迷失、道德缺位、文化缺失的现象。当乡村治理进入新时代，更需要发挥德治的基本作用。"村情通"利用平台的互通优势，不断助推民风、家风、乡风文明建设。

一、培养新农民促民风

　　乡村现代化首先是人的现代化，是农民的现代化。农民是新时代乡村治理的主体，农民的素质水平和精神风貌影响着一个村庄的整体建设和文明程度。改革开放以来，农村社会的生产方式、生活方式、就业方式发生了深刻变化，农民的思想观念、道德意识、价值取向、文化认同趋于多样化，比如夜不闭户、路不拾遗的淳朴民风渐渐消失，有的地方封建迷信活动泛滥，"黄赌毒"等行为沉渣泛起，等等。这些现象，严重阻碍了乡风文明建设。一个小小的"村情通"，利用网络平台优势，成为培养新农民的大课堂。

(一) 民主在线: 培养现代公民意识

现代乡村治理需要群众的积极参与，现代乡村亟须具有现代公民意识的新型农民。但是目前村庄的现状是精英外流，民众政治参与意识薄弱。通过"村情通"的民主训练，充分培养了现代农民的公民意识。

一是"村情通"以民主和公开为核心，实现了民主在线。各个行政村订立村规民约、推进"三务"公开、进行民主议事、互学互比互促等系列活动，强化了村民对于村庄的集体认同，提升了村民对村情社情的理性认知，增强了村民的主体责任感，培养了村民在选举、协商、决策、管理、监督过程中的规则意识。

二是通过"村民道德银行"等板块激发了村民求真向善的价值追求，在"随手拍"栏目中不仅有问题反馈，也有好人好事的身影，进一步弘扬了社会主义核心价值观。

三是通过村民对"村情动态""'三务'公开""协商民

主""制度文件""公告公示""党员实事"等板块内容的持续关注，倒逼党员干部认真履行职责，将更多精力放在追求村庄公共利益上，并自觉兼顾多数村民的心理预期。

（二）教育在线：提升农民科学文化素质

农业现代化建设需要深厚、广泛的人才支撑，需要有文化、会经营、懂技能的现代农民。当前，农村的科技文化教育手段相对落后，农民文化程度低、不懂经营、专业技能少。"村情通"通过在网上开设"微课堂"和"农民智库"，以在线教育的方式提升农民的科学文化素质，培养专业技能。

一是针对村民文化程度低、继续教育途径缺乏的现状，在"村情通"开设"微课堂"，普及科学文化知识。村民们可以根据自身的需要进行科学文化知识的继续教育，比如国学讲座、理财知识等等。

二是针对村民专业技能缺乏、经营理念落后的现状，利用"农民智库"进行在线讲座、在线答疑。比如，"中草药的种植""病虫害的防治""庄稼防灾防冻"等，解决了农民在生产经营中遇到的困惑和难题。在"务工信息"一栏，除了及时发布相关信息以外，还会链接相关职业技能培训通知和专业技能小常识。比如，2018年4月25日，方旦村在"村情通"上发布特色小吃培训，三天内就有几十个人报名。通过在线教育和在线培训，农民的科学文化素质和专业技能都有了显著提升，勤奋努力、好学向上蔚然成风。

（三）文化在线：倡导文明健康的生活方式

如何才能让一块好地不长荒草？答案是种上庄稼。原来，村民的精神领地上曾一度长满荒草，"上午田埂转转，下午牌桌转转，晚上酒桌转转"成为一些村民生活的真实写照。一些年轻人也沉迷于网络游戏甚至于受到赌博、毒品的蛊惑，一蹶不振。"村情通"利用智能手机、网络普及的优势，积极倡导文明健康的生活方式。

一是通过"村情通"及时发布相关影讯、戏讯及文化下乡活动，加大公共文化产品和公共服务的供给，让群众第一时间了解文化资讯，积极参与相关活动，丰富自己的文化生活和精神世界。

二是根据村民需求，通过"健康生活"板块推送养生知识，宣传科学健康的生活方式，说明酗烟酒、熬夜等不良生活方式带来的危害，引导村民远离赌桌和毒品。

三是通过在线展示，实时共享业余美好生活。在"村情通"上，村民可以"秀"出自己的特长，也可以展示乡亲的才艺。比如，一幅漂亮的手工剪纸，一桌色香味俱佳的菜肴，一首动人的歌谣，一曲欢快的舞步。"村情通"成了村民健康文明生活的大舞台，引领了文明健康、追求美好的淳朴民风。

二、培育新家庭传家风

"欲治其国者，先齐其家。"家庭是社会的细胞，而家风是一个家庭的精神脊梁。家风是一个家庭世代相传的立身做人的行为准则，其核心内容是德行的传承，渗透在家庭成员的日常生活的方方面面。家风影响着一代代农村人的成长，影响着乡风文明建设，影响着乡村治理的成效。如果每一个家庭都和睦安宁、家风敦厚，那么，整个社会也必然安定祥和、风清气正。在我国很长一段时期，家风都在社会治理中发挥着巨大作用。但是，随着经济社会的发展，家风的传承也碰到了一些现实问题。优秀传统文化教育的缺位，有些年轻人根本不知道有家风这一说。传统的家风与现代生活碰撞该如何融合，优良的家风如何传承，现代的好家风应是怎样，"村情通"做了一些探索实践。

（一）网上"大祠堂"：修编家谱传家风

家风往往以实践经验和生活智慧等形式蕴含于家规、家训、家谱等文献之中。但是，这些文献因年代久远、历史纠葛，加之大家族"开枝散叶"等原因，没有得到很好的传承。"村情通"利用自己的网络平台优势，搭建了修编家谱的"大祠堂"，以此来唤醒沉睡的家风家训。五湖四海的家族子孙，因为修家谱而再次团聚在"村情通"上，同根同源同修谱，慎终追远忆祖训。2017年10月，源头村举行修谱大典，许多多年未回乡的外地子孙都来了，一位八旬老人说：这样的场面70年没见了，他上一次参加集体祭祖还只是十岁的时候，原以为这样的场面再也看不到了，是"村情通"再次把同根同脉的族人聚到了一起。从某种意义上说，家谱就是一本优秀教科书，很多年轻人就是因为修家谱，感受到血脉亲情的凝聚力，感受到历代祖先的智慧和德行，感受到优秀传统文化的魅力。有很多年轻人即使远在天涯海角，通过网络修谱也一定会悄悄念想：我从哪里来？往哪里去？我能够进入家谱中称为"典范"的人物谱吗？

（二）开展在线评比：创建美好家庭树新风

家庭是幸福的港湾。没有和谐家庭就没有村民的美好生活。受长期实行计划生育政策的影响，农村家庭面临着少子化和分散化的倾向，家庭人口规模小、流动性大，家庭观念也随之淡化，传统的孝悌礼仪很少被人提及。"村情通"在线组织"好婆婆""好媳妇""孝儿女""好少年"等评议活动，努力把老百姓的关注点从"衣、食、住、行"提升到"乐、净、福、美"。以庭院保洁来说，干净整洁是一个美好家庭必需的条件，更影响着一个村庄的村容村貌。"村情通"把卫生保洁排上了"红黑榜"，积分人人看得见，现状有图有真相。原来也有村民不理解，村干部在公布"红黑榜"的时候，常常有上了"黑榜"的村民来电威胁："把它撤掉，否则我把你手机砸了！"但是很快，村民就意识到砸了手机也无济于事，于是及时打扫整理，重新拍了照片上传，自此养成了卫生保洁的好习惯。现在，每家农户门口都贴着一个"二维码"，卫生评分员拿起手机微信"扫一扫"实时评分。传承好家风，创建好家庭，是"村情通"给每一个家庭带来的惊喜。

案例 5-3 "红黑榜"让村貌大变样

"这家庭院打扫整洁，布置美丽，红榜""那家门口堆放的杂物未清理，黑榜"……项家村妇联主席展示着"村情通"上"红黑榜"栏中的评比情况。

"每天实时更新'红黑榜'状况，村民维护村庄环境、及时清洁卫生的氛围增强，'村情通'发挥的作用可大了。"说起这些转变，村妇联主席深有体会。

去年8月，"村情通"刚推广不久，村民们对此还有些疑惑。抱着试试看的态度，在"随手拍"发布了村主干道有垃圾的情况。村干部看到后，及时组织保洁员前往清理，并对村民进行反馈。这件事情，在村民中反响很大："以后，我们都要自觉维护环境卫生。"

"红榜"调动了村民的自律积极性，"黑榜"利于群众自我诫勉。自村里启用"红黑榜"和"积分排行榜"后，农民的主体作用发挥明显，形成了垃圾分类赶学比拼的浓厚氛围。有一回，一位在经济开发区打工的村民，中午休息时在"村情通"上得知自家上了"黑榜"后，感觉有损家中形象，晚上下班后便连忙对自家的垃圾进行清理。

村民思想转变了，村庄环境更美了。如今在村里，随时随处可见的是洁净的道路、清澈的河塘，还有默默在为自家环境增"颜值"的村民。

三、建设新农村抓乡风

"万民乡风，旦暮利之。"乡风是维系中华民族文化基因的重要纽带，是流淌在村民心田上的故土乡愁。乡风文明是乡村振兴战略的五大要求之一。乡村的振兴，离不开文明乡风的培育。文明乡风的形成离不开对集体的归属，对共同目标的追求。改革开放以来，大量流动人口离开故乡，乡土观念日渐淡化，常常会有人发出"何处是吾乡"的感慨。即便是本地的农民，也改变了从业状态，不是待在村庄里、田野上，而是过起了"朝九晚五"的上班族生活。"村情通"凭借网络平台优势，成为村民心中的精神家园、游子手中的故乡。

（一）触手可及的故乡

"村情通"使村庄变成了一个"朋友圈"。无论何时、何地，只要打开"村情通"，就能够看到家乡发生了什么，谁做了好事，谁家上了"黑榜"……不仅如此，对于故乡的大事、要事有发言权，村级权力的运行都看得见，只要有想法建议都可以通过"村民信箱""协商论坛"表达。外出人口中有相当一部分是农村精英，他们的理念和想法常常会给村庄带来新鲜的思路。有的人在看见家乡日新月异的变化之后，毅然回乡创业。去年，全县举行赛水赛歌活动，赛赛家乡的山水，唱出家乡的歌谣。"村情通"上发出了"村歌征集令"：曲子怎么谱，歌词怎么写？村口的那条河要不要写进去？屋后的金鸡石要不要放上去？大家集思广益讨论的过程，就是一次人心凝聚的过程。即使过年回不来，也能在"村情通"上看见家乡的"村晚"。"村情通"成为人们"指尖上"的故园，在这里，人们看得见山、望得见水、触摸得到乡愁。

（二）乡土文化的传承

每座村庄有每座村庄的历史，每个村落都有每个村落的故事。一方水土养一方人，家乡总有一些不同于他乡的特质和气息。在龙游很多乡村，还保留着明清建筑、古老祠堂，有舞龙灯、硬头狮子、西安高腔、走马灯、舞貔貅等传统文化习俗，还有剪纸、制蓑衣、蒸发糕等民间工艺。这些都是乡村最珍贵的财富。

但是，随着经济社会现代化的发展，乡土文化的建设和传承就成了大问题。"村情通"把相关传统文化内容放到了线上，供大家认知、学习、领会。比如，青塘坞村暑假期间在"村情通"上发出"招募令"，邀请适龄少年参加非遗项目小儿走马灯的免费培训和表演。村民也越来越重视传统文化的保护。如横山村村民发现建于明朝的横山塔年久失修砖石掉落，及时在"村民信箱"中反映，这引起了政府的重视。镇政府依照相关程序启动修葺工作，并围绕横山塔修建了塔山公园，进一步改善了横山村的村居环境。

（三）乡贤牵挂的家园

乡村发展离不开干事创业、维系文化传承的"乡贤精英"，他们是影响教化民众、维护公序良俗、安顿世道人心、监督公共事业的一种正向的缓冲力量，对乡村治理起着重要作用。至今，活跃在"村情通"上的各类"乡贤会"有59个。在本地乡贤中，有不少退休教师、老党员，他们是一支特殊的"老娘舅"队伍，协助乡村开展民事纠纷调解。比如，两村民因围墙道路纠纷产生矛盾，通过"村民信箱"上报后，村"乡贤会"会长立即召集村里老同志和双方当事人，有理有节有据分析双方焦点，最终各让一步握手言和。

小 结 ▶▶▶

"村情通"以互联网为工作平台，以自治为基础、法治为保障、德治为引领，聚集的是民心，实现了乡村社会的共治。自治是共治的基础，"村情通"以其公开透明、互动联通，助推村民更好地行使民主选举、民主协商、民主决策、民主管理、民主监督权利，夯实了共治的群众基础，群众的主体作用得以充分体现，大大调动了基层群众的积极性、主动性、创造性。法治是共治的保障，"村情通"的互动平台，使纸上的规定落到实处落到民心，使高高在上的法律走进群众，创新人民调解、法律服务形式，筑起了共治的坚实保障。德治是共治的引领，"村情通"画出了最大的同心圆，在平台上凝聚民心、吸取民智、达成共识，以淳朴的民风、良好的家风、文明的乡风共同引领乡村治理。实践表明，共治是自治、法治、德治的目标，只有"三治结合"、互相协同，才能达到社会"共治"的目标。而"村情通＋全民网格"模式，从线上到线下，从部门组团服务到全科网格再到全民网格，为"三治结合"搭建了平台，实现了协同共治的目标，做到了民心在基层聚集、资源在基层整合、问题在基层解决、服务在基层拓展。

思考题 ▶▶▶

自治、法治、德治如何在互联网平台实现有机结合？

第六章

共享：
从"最多跑一次"到"跑也不出村"

乡村治理的根本目的是为了人民，因此必须依靠人民，成果由人民共享，让人民的生活更加幸福美好。如果不能实实在在提升人民的获得感、幸福感、安全感，乡村治理就没有意义。通过"村情通"形成权责明晰、公开透明、高效运行的基层治理体系，更有效、更公平地让群众享受到智能化治理的成果，让广大群众在社会生活中得到实惠、感到安全。

第一节　满足人民的"获得感"

能不能给人民群众带来切实的"获得感"，是评价乡村治理的基本标准。"获得感"是"幸福感"和"安全感"的现实基础。实践中，"村情通"通过智能化手段简化工作流程，扩大受益范围，推动民生保障措施落地生根。

为了检验"村情通"在促进共享方面发挥的作用，我们对 2437 人进行了抽样问卷调查。在"三务"公开等与群众利益相关的信息是否更加透明上，67.13％群众认为"很透明"，24.37％群众认为"比较透明"，只有 6.65％群众认为"变化不大"，1.85％群众认为"基本没变"。在群众反映的问题是否能得到有效处理方面，66.06％的人觉得能有效解决问题，19.86％的人觉得能较好地解决问题，12.11％的人感觉一般，1.97％的人觉得不能有效解决。在社会生活得到改善方面，群众认为通过使用"村情通"，环境治理得到了最明显改善，占27.27％，群众办事第二，占 24.03％，党员干部作风第三，占 23.39％，邻里关系第四，占 12.69％，当家作主第五，占

9.37%，3.25%的群众表示没有感觉。

一、圆贫困孩子求学梦

十年树木，百年树人。我国始终把教育事业摆在优先发展的位置，努力让每个孩子都能享受到公平和有质量的教育。但在现实生活中，一些偏远农村交通不便、信息堵塞，群众对助学政策不了解，对办理程序不熟悉，导致相关部门对贫困生源人数、家庭情况等信息掌握不全面，政策无法落地，一些贫困学生因而得不到及时资助而辍学。

为避免上述情况的发生，"村情通"开设了"圆梦助学"板块，将助学工程移植到了线上。在这个板块上，以"清单"一次性告知申报条件、申报材料、申报时间、办理流程和联系部门。以往，开展助学通常是先向学校班主任收集相关学生信息，再根据提供的学生家庭所在地，由所在地乡村干部负责实地走访后再将情况反馈至团县委。现在，群众可以通过掌上申请，再由乡村干部现场走访核实信息反馈至县级部门。县级部门建立动态数据库，结合现有资源妥善安排结对资助。走访过程和助学结对名单在"村情通"上公示，接受群众监督，保证公平公正、公开透明。开通"圆梦助学"板块后，整个助学流程由原来的至少15个工作日缩减到3个工作日，大大提高了工作效率。与此同时，也推动了相关部门扎实做好希望工程宣传工作，吸引了各部门、社会组织及社会各界爱心人士，高效整合了县域内外的助学资源，最大限度地做到让每一个孩子都上得起学。截至 2018 年 5 月底，"村情通"运行不到一年，就有 155 名贫困学生通过"村情通"得到社会爱心人士的结对资助。

案例 6–1 "村情通""圆梦助学"深山中的小学生

大力山小学位于县北部山区，仅有 2 名老师和 10 名学生。最远的学生从家里到学校要走 2 小时的山路。这 10 名学生都是留守儿童，家庭条件十分困难。一次偶然机会，学校老师通过"村情通"了解到"圆梦助学"项目，在手机上替学生完成了申请。经过干部走访、核实后，3 天内团县委就联系上了企业家与贫困学生结对，让深山里的孩子可以继续安心学习。

"村情通"有效推进帮困助学，让像大力山小学等山区的穷孩子又能上学了。让更多的贫困学生上得起学、享受平等受教育的机会，"村情通"主要在以下几个方面发挥了作用。

一是拓宽宣传渠道。以往帮困助学不能达到全覆盖，其中一个重要原因是相关政策的宣传渠道较少、传播速度不快。在一些农村交通、信息都不发达的情况下，助学政策的宣讲普及主要还是来自乡村干部的集中宣传、口述讲解，普及的效率不高、范围不广。等到一些偏远农村贫困的家庭了解到助学政策，可能已经错过了申报时间。"村情通"将助学等相关政策的发布搬到了手机上，一个平台发送就能立刻让全社会的人都看到。这样，打破了时间、空间的限制，宣传的速度更快、范围更广。

二是简化申报流程。对于贫困学生的信息收集，需要相关部门实地走访采集。只有确定符合条件之后，才能填写申请表。由于部门的人力、物力等客观条件的限制，走访采集信息也不可能做到面面俱到。加上申请表的回收审核，更是耗时费力。如今有了"村情通"，大大简化了流程，将助学政策的宣传与申报结合在一起。贫困学生在了解政策的同时，就可以对照自身条件在"村情通"上实名认证后实现一键申报，既省时又便捷。如果有疑问还能通过公示中的联系方式，跟相关部门进行联系。系统后台汇集申报数据，就能及时、全面掌握贫困生相关信息。优化工作流程使助学政策能高效地落实到每一位贫困学生身上。

三是保证信息精准。采用"村情通"收集贫困生基本情况，将信息采集的工作前移，使工作人员能迅速开展工作，实地走访更具有针对性，大大提高了工作效率。同时，根据生成的情况表一一进行审核，将走访过程以照片的形式上传到"村情通"备案，符合条件的贫困学生名单在平台上进行公示，接受群众监督，保证公平公正。建立的贫困学生档案库，方便相关部门掌握动态信息、调配好资源进行结对帮扶。

"假舆马者，非利足也，而致千里；假舟楫者，非能水也，而绝江河。"在信息光纤时代，谁能更主动、更快速地应用

"互联网+"，谁就能够打通服务群众的"最后一公里"，让数据多跑路、让群众少跑腿甚至不跑腿变成现实。

二、就业创业更容易

民生问题是社会问题，也是经济问题，更是一个政治问题，古今中外，"民生"与"国计"互为表里、相得益彰。在党的十九大报告中，累计有 203 次提到"人民"二字。就业创业，是最大的民生，要解决的是群众的饭碗、生存问题，更是衡量"获得感"的重要指标。

就业需要相对精准的信息平台。以往企业的用工信息和群众的务工需求，往往因为缺乏方便高效的平台，致使用工信息不能顺利传达，从而错过了匹配的机会。一方面，企业因为生产急需员工；另一方面，群众因为消息闭塞而没有找到就业信息。随着城镇化进程的不断推进，越来越多的农民开始离开农村到城里寻找工作，离开了熟悉的人缘、地缘环境，就业信息的来源就更少了。虽然劳动部门定期举办用工招聘会，但是依然无法满足企业和群众的需求。

"村情通""务工信息"板块汇集了全县所有的招聘信息，把就业信息不互通的问题在"指尖"上化解了。任何一个村发布的招聘信息，全县群众都能看到，同时也搭建了务工人员之间的信息平台，形成了一个大型的"朋友圈"。一有信息就能相互推荐，真正实现了就业信息的共享，在农村很多村民都通过"村情通"找到了称心工作。比如,有村民因为家庭发生变故,急需找份工作来缓解经济压力,于是到处找人、到企业询问用工信息,还有不少热心村民帮忙。然而结果却不是招聘信息滞后,就是用工单位没有看上。后来,有人指点通过"村情通"去找工作,在海量的用工信息里筛选出符合自己条件的企业去应聘。于是,该村民很快得到了一份理想的工作。该村民很高兴地说:"去劳动力市场找工作,还需要花钱,在'村情通'上不仅不花钱,还更实用!"

"村情通"在扩大就业的同时,也对推动群众创业发挥着重要作用。通过开通"姑蔑广场"板块,组织农村淘宝合伙人全面入驻,在"村情通"上进行商品交易,有力扶持了群众创业。比如,有个"85后"姑娘放弃深圳高薪,与搭档回乡通过"村情通"中的"姑蔑广场"实现产销一体化,解决了产品推广难、支付难、运输难等问题,完成了自主创业。目前,所有村民都可以在"姑蔑广场"发布购物需求,合伙人和淘帮手收到讯息后第一时间联系村民,提供商品采购服务,并送货上门,大大方便了村内孤寡老人、伤残人士等行动不便者。同时,针对村民信息相对闭塞、家中剩余农副产品无销售渠道的现实情况,村民可以发送产品信息,合伙人将统一收集的土特产品信息在服务站公开,用于村民间的物资互换,同时通过网络销售剩余土特产品。

在促进就业创业上,"村情通"至少发挥了以下四方面的作用:

　　一是搭建信息平台。要促进就业，首先就要建立一个公开的信息交流平台。群众就业难经常是由于接收到的招聘信息少，造成信息不对称，企业发布招聘信息后，群众不能及时掌握，错失了就业机会。通过在"村情通"中建立公开的信息平台，针对群众就业设置务工信息专栏，招聘信息实时更新，群众可以及时、免费了解。"村情通"也加强了与群众的联系，随时随地分享务工信息，逐渐形成新型的人际关系网。

　　二是完善招聘模式。在企业方面，由于传统的招聘模式成本较高、成效不显著，所以专门举办现场招聘会的次数较少，特别是需要大量用工的企业以前需要到村里家家户户地走访、确定出工人数、出工具体时间等，耗时耗力。推广"村情通"以来，完全改变了之前那种"串门走户"的聘工模式。现在只要点击"招聘信息"，发布有关什么时候用工、需要多少人、工资待遇情况、用工要求、工作任务等信息，村民就可以在"村情通"上直接报名。企业还可以通过"村情通"进行用工培训知识的宣传，为企业用工管理节约了不少成本。

　　三是拓宽就业形式。"村情通"形成了一个新型的交易市场，促生出多样化的生产销售方式，也丰富着群众的就业形式，为群众就业创业提供了思路。通过"村情通"可以收集产品信息，利用好闲置的资源，实现产品的采购和销售，快速便捷的产销方式推动了群众的自主创业。

　　四是创新就业培训。在加强农民技能知识培训方面，县内相关涉农部门如县科协以"村情通"为载体积极创新培训形式，线上设置"技术咨询""产销信息""互动解答""案例分析""科普之窗"等内容，上传培训视频，操作简便、内容齐全、互动性强，村民足不出户、动动手指就能向专家学习，不仅学得方便、对路、有效，而且还能根据农民不同的需求"下单"，农民可提前预约农业技术专家。线上随时请教、线下实地指导，帮助广大农民种（养）植、加工以及销售高品质、高附加值的农产品。

三、钱袋子越来越鼓

以往，农村群众收入来源和农产品销售渠道比较单一，因为没有便利的平台，需要四处打听购买方或者到市场上出售农产品，平时对政府的惠农政策、惠农项目了解较少。想要扩大生产，但缺少资金，同时也不了解贷款政策。绝大多数农民没有接受过专业技术知识培训，想去学习既没有时间，也不知道向谁求教。

"村情通"针对村民增收难的实际，开设"精准帮扶"板块，将工会、团委、妇联、残联等群团组织和扶贫办、民政等部门的扶贫项目公开，为村民提供线上服务。引入"安厨微店"等社会创业项目，便于村民了解情况，并实现一键申请，拓宽了村民增收致富的渠道。银行等金融机构也在"村情通"开辟贷款、大额存款、大额提现、信用卡申请等业务预约申请功能，村民可以通过手机直接享受银行业务预约、上门服务等。小额贷款也不再需要跑网点、找客户经理，足不出村就能畅享普惠金融服务，既省时又省力。2018年还推行"信用积分"制，对符合信用标准的农户给予积分授信。纳入"红榜"的村民，视情况优先予以5万至30万元信用额度授信，设置月利率等次，根据入榜情况调整个人信用贷款额度和利率。

当前大部分的农村青年都选择离开农村进城打工，他们认为城市比农村有更多的机会、能挣到更多的钱。他们看不到农村未来的发展前景，看不到其中致富的门道。"村情通"构建的信息平台每天都在反映着农村的变化和发展，哪边要开发新项目、哪边有人来考察、哪边有旅行团来旅游……通过平台发布的这些信息为村民开展生产经营、提高收入提供了思路。比如，在外打工的一村民偶然通过"村情通"看到村里发布了不少"农家乐"照片，发现到家乡的游客越来越多，想到附近没有人经营民宿，从中看到了机会，于是辞职跟母亲一起经营民宿。现在收入比在外打工高了不少。

"村情通"为增加农民收入发挥了重要作用，主要体现在：

一是高效普及惠农政策。它汇聚了涉农部门的力量，将精准帮扶、涉农补贴等政策信息放在"村情通"上，让人人都能随时随地了解惠农政策，提高了政策的普及率，并为农民提供在线服务实现一键申报。针对农民不熟悉金融信贷业务的情况，引入银行等金融机构，普及涉农信贷知识，为农民提供"一站式"便捷服务，提供资金帮助农民扩大生产、增加收入。

二是扩大市场营销范围。农民获得信息的渠道比较狭窄，通常是通过传统的媒体或者是他人的介绍，常常不能及时获得市场需求、价格等信息，极易导致农产品的销售范围小以及农产品积压、卖价偏低等情况。"村情通"构建了一个便捷、开放的信息平台，农民可以及时掌握产品和市场最新的信息，还能在平台上直接联系购买方，扩大了销售范围。

三是实现三产融合发展。长期以来，农产品加工、农产品市场消费与服务是农民增收致富的短板。"村情通"不仅链接县内农业产业带头人的"创业故事"，分享他们做精做深做长产业的经验，让更多农民懂得了农业不仅要卖产品，也要卖文化、卖创意、卖体验，才能拉长价值链。同时，"村情通"还注意收集国内外养生养老、创意农业、乡村手工艺等农业新业态案例，为村民提供启迪借鉴。

第二节　提升人民的"幸福感"

运用无纸化技术，拿出手机对准群众脸部一扫，手机随即跳出"人像对比记录"页面，进行身份核实后，办完事项全程仅需 5 分钟……这是为忘带身份证的群众办理户口簿的生动场景。提升人民的"幸福感"要解决的是人民群众对自己的工作生活满不满意、舒不舒心的问题，体现在人与人、人与环境的关系以及个人自身提高方面。"村情通"构建的互联互通、多元共治的智能化体系，让人民群众能更好地处理与各方面的关系，体验到更丰富、更愉悦的生活。自"村情通"普遍推广后，城乡群众人与人更和谐、人与环境更和谐、人与社会更和谐，总体提升了"幸福感"。

一、人与人更和谐

邻里关系影响着居住环境的质量。尤其是随着当下农村常住居民结构的改变，大部分青壮年都长时间在外务工，对家乡的情况不能及时了解，对家里的老人小孩不能时刻在身边照顾，就特别需要邻里之间和睦相处、相互照应，但现实是留守在农村的老人由于生活的压力，已经没有过多的精力去进一步拉近邻里之间的关系。时间一长，邻里之间就会产生距离感、陌生感。

"村情通"互联互通的功能，让整个村成为一个大家庭，让每一位村民都能在其中找到亲切感、归属感。对于外出打工的年轻村民来说，用"村情通"就可以了解家乡的各种资讯，定期就能看到村里的"三务"公开、重大事项等重要信息，可以对村里的情况了如指掌。村民都很紧张自己家的一亩三分地，而诸多的邻里纠纷，也是因为信息不透明而产生的。公开透明的做法减少了邻里之间因为猜忌而产生的隔阂。"村情通"公布的一些活动信息，也能让村民有机会聚在一起，增加互动、拉近距离。平台上一有救助信息发布，邻里之间都能及时伸出援助之手，更加凸显出了人情味、邻里情。

案例 6-2　意外得来的爱心善款

2017 年 10 月，一则消息在冷水村的"村情通"中传开："希望大家伸出援手帮助许某……"发布消息的是该村的网格员。消息一出，牵动了每个村民的心。原来，网格员在走访巡查中听说某村民因患癌症花光了所有积蓄，生活拮据。于是，迅速登门了解情况，发现其家中还有个患精神病的儿子和一位 85 岁的老母亲。家中"顶梁柱"一夕之间垮了，令原本就不富裕的家庭雪上加霜，连买粮油都困难。于是，网格员立刻在"村情通"里发布信息，发动村民筹集爱心款，希望帮助这个家庭渡过难关。

看到消息后，村民纷纷献出爱心，50 元、80 元、100 元、200 元……一笔笔爱心款转到了该村民手中。一周后，又一封感谢信出现在了"村情通"上："唯一能用语言表达的就是感谢，衷心感谢冷水村父老乡亲们的慷慨解囊和无私帮助。"

在农村，常常因为干部与群众之间沟通不及时而造成干群关系紧张。"村情通"有效地解决了这个问题。村民只要关注"村情通"，就能以发信息、发语音等方式及时跟村干部交流和反映问题，村干部及时反馈，上传工作动态，全体村民都能看到村里的干部在做什么工作、工作做得怎么样，事情办好了以后，还要村民进行评价。谁干的实事多，谁真正放下身段为群众服务都一目了然，村民与村干部之间的沟通顺畅了，关系也就越来越融洽了。比如，2017 年 9 月 6 日，一村民通过"村民信箱"向村干部发了条信息"村口垃圾桶已两天未清理，希望能够尽快清理"并附上了照片。村干部收到信息后，立刻来到问题反馈地点进行实地查看，发现垃圾已经溢出垃圾桶。于是，村支书立马联系了保洁员前来清扫。随后，小垃圾堆在几分钟内就被清理，反映问题的村民在家中目睹了这一幕，不禁为村干部的高效办事点赞说:"自从'村情通'在村里推广后,平时有什么问题都可以直接通过这个平台反映,不用跑腿,也不愁找不到村干部了!"

融洽人际关系是提升人民群众"幸福感"的重要内容。从"村情通"改善人与人之间关系的实践来看,主要是因为在以下几个方面发挥了作用。

一是保证信息公开透明。信息不公开、不透明会造成不必要的猜忌和误会,是人与人之间产生隔阂的重要原因。特别是在当前农村人口流动性大、外出务工人员多的情况下,信息的不通畅更容易影响人际关系。"村情通"向群众开放了一个了解村情信息的窗口:通过定期上传村情动态、"三务公开"、重要公示等内容,把村庄事务、村干部的工作和行为置于群众的监督之下,让群众与群众、干部与群众之间互知、互信。

二是引导群众互动。随着农村常住人口的减少以及传统生产生活方式的改变,"远亲不如近邻"的观念逐渐消失,群众之间日常性的沟通交流变少,相互之间的心理距离不断拉大。通过"村情通"发布各类活动信息,动员组织群众积极参与,在活动中增进相互之间的了解,加强邻里的互动,促进情感交流,从而建立信任关系。

三是高效为民服务。为群众提供高效的服务,让他们感受到更加舒适的生活,是提升群众"幸福感"的重要措施。"村情通"让群众动动手指就可以办成事,让群众享有无差别的"掌上服务",实现了"跑一次"甚至是"零跑腿"。建立快速的反应机制，规定村级事务 3 天内办结，办理进度和结果要进行反馈，全程接受群众监督、评价。高效便捷的服务使群众对村干部的评价越来越高，干群之间的交流更加频繁、关系更加融洽。

二、人与环境更和谐

在农村如何处理好人与环境的关系一直是个大难题。乱倒垃圾、乱搭乱建的脏乱差现象普遍存在，其中主要原因不外乎以下两个方面：一方面是农民缺乏环保意识，对环保重要性认识不深；另一方面是农村环境管理欠缺，卫生管理机制缺乏，管理体系不规范，管理工作无章可循。

"村情通"实现了对农村环境卫生的实时监督，建立了环境卫生举报制度。在平台上宣传普及"五水共治"和农村垃圾分类的"贺田模式"，让村民人人都能知晓、人人都能遵守。农村网格员进行常态化巡查，将全村各个角落的卫生情况以图片的形式上传到"村情通"，并能对垃圾进行及时处理，使村民能了解环境卫生、垃圾分类工作进展情况。"村民信箱""随手拍"功能让每一个村民都能成为网格员，充分调动了群众参与村庄卫生治理的积极性。如果出现有人不按分类投放垃圾、任意放养家畜等行为，就会被村民发现并上传到"村情通"，村干部和网格员便会找上门对其进行劝导。全民参与的模式让每个村民成为管理员，激发了他们的主人翁意识。比如，2018

年3月上旬，有村民在"村情通"发帖称，一农户把废品堆在院墙外，希望能及时处理。经过协调，堆放废品的农户依然没有及时清理，该村民再次发帖，受到全体村民的关注。很快，村干部就到现场及时督办，对该农户进行了劝导，并把清理前后的对比照片反馈到"村情通"上。

"村情通"的一个基本功能就是把环境治理的责任划分到各家各户，起到了事半功倍的效果。"红黑榜"是村民比较关注的板块，对脏乱差的监督、对美丽庭院的评比，都用直观的图片向全村进行展示。手机扫一扫村民门前贴的二维码，就可对其垃圾分类情况进行评分，上传至"村情通"，最后评出卫生"红黑榜"。村看村，户看户，群众看干部，哪家的院落和门前没有清理干净，被当作黑典型曝光了，这是很失面子的一件事，也是一种无形的压力和动力。上了"黑榜"的村民，总觉得自己拖了后腿，对比"红榜"的村民，自然而然会改正一些不良的生活习惯以便更好融入大环境。这是"村情通"督促村民形成良好的生活习惯的一个缩影。如今随意走进哪个村庄，都是可以入画的美景。"村情通"让农村群众的精神面貌发生了很大变化，也促使农村生活环境变得越来越美好。比如，有个村在开展村庄环境整治活动时，网格员颇为感慨："自从一周前'村情通'上公示后，不少村民都积极配合，早早收拾起了自家的铁皮棚，等着村里来拆除。"不止如此，网格员明显地感觉到，小到河道垃圾，大到政策宣传，在"村情通"上，随着信息公开和宣传的透明化，越来越多的村民都更关心村庄的发展。大大小小的事，都会通过"村情通"反映，有更多的村民身体力行参与到村庄治理中来。

在整治农村卫生环境方面，围绕"村情通"形成的智能化治理体系，在建章立制、加强监管等方面有其独特优势。

一是形成长效机制。将环境卫生管理制度在"村情通"上呈现、固定，在人人关注平台的基础上不断夯实环境卫生整治的群众基础，形成环境卫生举报制度。通过"村情通"曝光不文明行为，结合村干部、网格员巡查每天走访，开展常态化督查，及时进行劝导。通过"村情通"严格规范评价过程，保证结果公平公正，起到奖励先进、勉励后进的作用。

二是加强自我约束。"村情通"将环境卫生管理与村规民约相结合，并向全村进行公示，使之成为人人都应遵守的规定。公开的平台以及"随手拍"等便捷的反馈方式，让全体村民都能成为网格员，有效激发了他们的主人翁意识。通过榜单公示也强化了村民的自我约束，引导他们自觉养成良好的卫生习惯，不断提升环保和卫生意识。

三是营造浓厚氛围。通过"村情通"实现不间断、不松懈的宣传教育，吸引广大群众参与村庄环境卫生治理。"红黑榜"起到了宣传先进榜样、曝光不文明行为的作用，用舆论正向引导群众，增强群众参与环境卫生的积极性。

三、人与社会更和谐

人的幸福与人的需要紧密结合。首先，幸福是物质生活与精神生活的统一，物质享有是生活幸福的基本前提，精神幸福是物质幸福的升华。其次，幸福的基本构件，一是个人幸福，二是社会幸福与个人进步。人是社会的，个人的全面发展推动社会的全面进步，社会的全面进步有赖个人的全面发展，只有两者结合好，社会才能整体幸福。

很显然，生活条件好了、生活环境美了，人民群众就会追求自身素质能力的提升。但是在农村，基础设施还不够完善，沟通交流的方式以及获取知识的渠道比较狭窄，如果只是吃了睡、睡了吃，如果娱乐是除了打麻将就是打纸牌，这样的"幸福"就是对幸福的降格。"村情通"为丰富农村群众生活和提高自身素质搭建了平台，提供了资源，能满足不同年龄、不同层次的村民的需要。日常通过及时发布最新村情动态，让村民知道最近村里发生了什么、计划做什么，让他们不断加深对村情村貌的认识，掌握家乡的发展动态。

定期推送上级政策、文件，满足村民扩展知识的需要。村民也可以根据需要通过手机点击观看各类培训视频，随时随地学习，提高自身技能。通过"'三务'公开""村民信箱"等，吸引村民参与村级事务决策，提高参政议政的能力，鼓励他们为家乡发展献计献策。"村情通+全民网格"模式让每一个村民都能加入到网格员队伍中，共同参与村庄治理，为家乡建设贡献力量。比如，一村民想自己在网上开店，可是不太会用电脑，需要培训，平时就用"村情通"观看电脑教学片。每逢上面有免费培训的信息，都马上报名。通过平时自学加上专业老师指导，进步很快。

"村情通"形成的"一站式"为民服务窗口，汇集了社会各方面资源，及时向群众提供信息和知识，在提高群众能力素质方面成效显著。

一是丰富的信息内容。以往在农村信息的来源比较分散，呈现碎片化，村民不能高效地收集整理信息，得到自己想要的知识。"村情通"最明显的特征是有丰富的信息资源，内容上到国家政策方针，下到村级信息动态，应有尽有，并且是一个平台就涵盖了所有的信息。丰富的内容引导群众开阔思维，更新知识结构，推动群众主动自觉地学习，从而提升自身素质。特别是村庄动态的实时更新，"三务公开"的定期发布增强了群众参与村级治理的积极性，提升他们参政议政的能力。

二是贴合群众的需要。"村情通"便捷、成本低的特点契合了群众的需要，通过手机就可以随时随地学习，使群众能有效利用闲暇时间进行自学而不影响工作和生活，真正让群众用得上、喜欢用。"村民信箱"更是搭建了村民与村干部沟通交流的桥梁，能及时联系村干部，咨询相关政策，同时也能表达自己的意见建议，直接参与村庄治理。针对农村群众的实际需要，提供了农业技术方面的视频培训课程，注重农业知识、农技推广等实用知识的教育，提供农村群众真正用得上的知识技能。

三是多样化的形式。平台在线上向群众提供了多样化的学习形式，有文字、视频、专家连线等，也有用案例分析的形式讲解技能知识，有效提高了群众的参与度、互动度，增强了培训教育的有效性。同时，还发布免费培训信息，邀请老师进行面对面的教学指导。通过"村情通"能快速发布信息，高效组织动员群众集中开展各类活动。

有幸福才能有"幸福感"。从这点考虑，"村情通"提升群众"幸福感"的根本，还在于党政领导、相关部门和专业人才坚持了"群众想什么，我们就干什么"，强化了问题导向、需求导向和满意导向。此外，通过"村情通"让广大群众拥有了更多的知情权、参与权、表达权和监督权，让群众清晰地感受到，在增进他们的"幸福感"上，政府部门和社会各层面都做了很多的努力和尝试。

第三节　增强人民的"安全感"

安全是人的基本需要，是经济社会发展的基本保障。要提升人民群众的安全感就要做好公共安全、治安防控等工作，营造平安和谐稳定的社会环境。"村情通"与网格管理相结合，发挥了党委在社会治理中总揽全局、协调各方的领导核心作用，引领和推动了社会力量的协同参与，让广大群众加入到乡村治理，营造了人人参与的良好格局，实现了网格全覆盖，将矛盾化解在了最基层，为人民群众提供了更安全舒适的社会环境。

一是信息化传输。当前在农村依然存在普法宣传教育少、宣传队伍薄弱的问题，农村群众安全防范意识和法治意识不强，不善于用法律手段维护自己的合法权益，时常采取"集体上访"等极端的形式来表达诉求。"村情通"运用信息化技术构建了便捷高效的智能化治理体系，使平安创建、基层治理也实现了"最多跑一次，跑也不出村"。"村情通"搭建了一个常态化宣传教育的平台，以信息化的方式不间断地向群众传授法律知识。在平常走访巡查及问题处理过程中，使用信息化传输交流大大提高了办事效率，进一步完善了社会矛盾预警机制，做到了早发现、早预防、早处置。

二是高效化联动。以乡镇、部门派驻干部为核心力量，"一长三员"为骨干力量，各群团组织、社会组织、村民为基础力量，共同参与乡村治理，形成了信息共享、部门联动、跟踪督办为一体的工作体系，同时也构建了公众参与的平台，完善了民意表达的渠道。网格员每天组织巡查，及时反馈违建、排污、平安、消防、食品安全等问题，利用"随手拍""村民信箱"等渠道汇集民情民意，引导广大村民参与村庄重要事项、热点问题的决定，吸引村民加入到乡村治理的队伍。

三是制度化保障。围绕"全民网格"建立一系列配套制度，加强走访巡查、问题报告、代办服务等网格工程，网格员每日走访发现的信息通过"村情通"进行报告。执行"一日一值班、一周一集中、一月一沟通"制度对"村情通"上反映的相关问题及时进行研究、讨论和办理。每月在县、乡、村层面举办相关竞赛，定期梳理村庄问题，并通过评选"红黑榜""排行榜""信用榜"等方式强化正向引导和约束，对存在的问题实行挂牌督办，对解决的问题给予"销号"。

一、吃得更放心

民以食为天，食以安为先。食品安全影响着每个人的日常生活和健康，让群众吃得放心是提高安全感的重要内容。

为让群众吃得放心，"村情通"建立了食品安全监管新模式，要求商户在"村情通"上进行实名认证，输入姓名、营业执照注册号和联系电话，让其置身于社会大众的监督下，形成社会约束，提高商户诚信经营的自觉性，使他们由"要我整治"向"我要整治"转变。

实施全民举报制度，让广大群众来当"监管员"，用手机随时将企业不文明行为拍照上传，系统反馈到主管部门。主管部门实地查看并督促限时整改到位。线下签订文明诚信经营公约，要求商户遵守"经营、卫生、交通"三大秩序，并依据诚信经营公约与全民举报制度设定"红黑榜"，以此作为优秀商户的评价标准，评定结果同银行信用等级相挂钩。

案例6-3　人人都是监管员

2017年7月9日下午，一村民在串门聊天时，发现村里一家白酒加工小作坊不仅相关证照可能未办理，环境卫生也较差，于是就向该村网格员反映了这一情况。结合村民反映的情况，网格员立刻前往该白酒加工小作坊实地查看，并将现场情况上传到"村情通"。镇政府工作人员接到这一信息后，迅速转发给了负责此地市场监管的市监所。市监所执法人员随即前往检查，确认了这家白酒加工小作坊不仅无证无照，作坊内加工区与生活区也没有分离，环境卫生脏乱差。执法人员当场依法进行处理，并要求作坊主认真整改。

二、住得更舒心

农村社会治安状况好坏不仅直接关系到广大农民能否安居乐业，还影响着农村各项事业的发展。一个村如果风气不好，邻里之间、家庭成员之间，因田边地角、宅基林木、瓜果青苗、鸡鸭猪犬等小事纷争和家庭积怨天天吵吵闹闹，村干部又不管事，何来美好生活？以往维持社会治安只依靠公安部门，但是在农村公安机关普遍存在警力紧缺、任务繁重等现实状况，致使公安民警没有更多时间、更多精力用于精准指导治安防范。

通过"村情通"组织网格员开展采集信息等基础工作，能够第一时间掌握村情民意以及人、事、地、物、组织等基本要素情况，实现了基础数据的随时更新、准确鲜活。协助驻片民警采集信息、熟悉村庄情况，实现了警务信息精准化、高效化。通过消息提醒对村民之间的矛盾纠纷能第一时间发现、第一时间预警、第一时间掌握、第一时间化解，夯实基层基础。

网格员开展每日巡查，通过"村情通"扫描身份证一键录入村民、外来人员的身份信息，传输到后台，管理员可在"村情通"PC端清晰实时查看网格员走访轨迹以及外来人员、孤寡老人和低保户等重点人员的居住地点，实现了对重点人员的管控。比如，某村网格员从村民处了解到，有名租客昼伏夜出、赌博成瘾，行踪可疑，便向"村情通"上报反映情况。通过民警的一系列调查，该租客因涉嫌犯罪而被警方逮捕。从此，村民们更愿意向网格员反映情况了，因为网格治理给他们带来了满满的安全感。

三、外出更安心

当前农村大部分青壮年都外出务工，留在村里的多为老人和小孩，这些外出务工人员也时刻惦记着家人的近况。在"村情通"智能化治理下，每户村民生成一个独立二维码，扫一扫便可了解其家庭人口、房屋、土地等内容。通过建立留守老人、儿童等特殊群体专项档案库和专职网格员经常性走访巡查，将近况发送给在外务工的亲人。

建设社会治安防控体系，推行每村"一个群"的信息化组织模式，打造"15分钟紧急动员圈"，通过建立健全网格"一长三员"走访巡查制度，依托群团组织优势，将农村青年、妇女群众、寓外人士、乡贤等力量有效整合到网格中，常态化巡查防火防汛、地质灾害等重点安全隐患。一旦发生重大灾害事件，第一时间通过网格将信息传达至群众，形成快速反应机制。高频走访骨干对象、服务对象、管控对象等"三类对象"，做到"基础信息不漏项、社情民意不滞后、问题隐患全掌控"。

四、防灾减灾更省心

防灾减灾工作事关人民群众的生命财产安全，在农村防灾减灾的基础还比较薄弱，青壮年劳动力外流减少了农村的基础性群众力量。同时，由于缺少便捷易懂的信息传递平台，防灾减灾方面的宣传教育滞后，造成群众对这方面知识的缺乏。灾害预警监测、信息报送、应急响应和救助的效率不高，再加上农村的防灾减灾人员队伍严重不足，如何解决这些问题是有效提高群众"安全感"的重要内容。

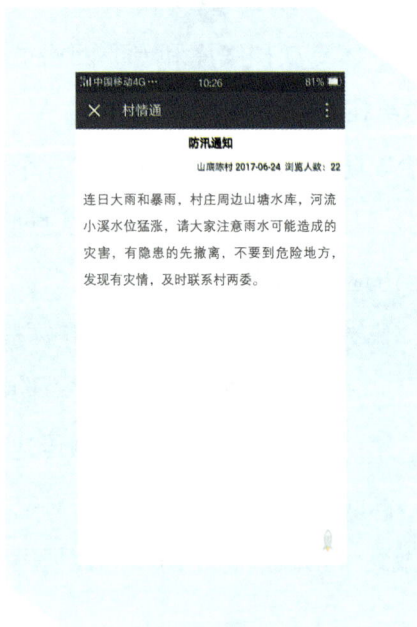

图6-1 用"村情通"发布防汛信息

"村情通"的应用解决了在农村信息传递慢、群众参与度不高的问题，实现了群众对村级信息的实时掌握，缓解了基层干部"信息化负担"。通过信息化手段联系群众、组织群众、服务群众，加强了防灾减灾的队伍建设。信息传递的高效性、组织动员的广泛性在处理山区农村险情、保障人民群众安全上作用更加明显。

案例 6-4　"救人于水火"

"村情通"只能解决村民"鸡毛蒜皮"的小事？这可不尽然，"村情通"可发挥过一次"救人于水火"的大作用。这件事，在贺康村"村情通"管理员心中烙上了深深的印记。

"我从来就没有遇到这么惊险的情况"，回忆起当时的情景，管理员如今还心有余悸。那是 2017 年 6 月 25 日，他清楚记着当天的日子，当时，龙南山区普降暴雨，潼溪的水位暴涨，当天清晨 6 点多，他就和村委会主任、妇联主席一起去巡查地质灾害点。车开到半途，突遇山体滑坡，"当时就看到仿佛整座山都倒了下来一般，就在车前不远处，我们都能清晰地感受到大地的震撼。"

一行人马上意识到有两位村民此时可能处在生死关头。他们立马通过"村情通"发布了山体滑坡的情况。"村情通"乡管理员接到信息后，感到了事态的严重性，一刻也没拖延就向乡领导反馈。

情况十分危急。进入该村必经之路已被堵死，怎样才能把灾民救出来呢？这时，一位看到"村情通"的村民向乡领导反映，还有一条进山的小路，崎岖难走，平时都已荒废不怎么用了。于是，乡领导立刻组织人员通过羊肠小路进行救助，终于化险为夷了。

其实，居住在该村的并不止被救的这两位村民。之前，该村就在"村情通"上发布了多条汛期信息，让地质灾害点的村民尽快搬离。"这也有赖于很多村民看到了这些信息，帮助做这些村民的思想工作，他们才尽快搬出来的。""村情通"管理员说，"事后我们去看，当时的山体滑坡点，就在其中一家搬出来的村民家边，山石都已经把大半个院子给埋掉了。要是之前没有及早撤出来，后果真是不堪设想！"

图6-2　在外村民通过"村情通"发送感谢信

小 结

    共享就是要共同享有治理成果，具体体现在提升人民的获得感、幸福感、安全感这三方面。"村情通"这个智能化治理平台，使群众从"跑断腿"到"最多跑一次"甚至"跑也不出村"，是推进社会成果由人民共享的生动实践，是秉持"以人民为中心"发展理念的鲜活体现。在治理过程中，有效促进了教育、就业、农民增收等基本民生的改善，使人民有了明显的"获得感"；改善了人与人、人与环境的关系，提升了群众的"幸福感"；在社会治理方面，使"全科网格"向"全民网格"转型，切实提升了群众的"安全感"。提升人民的获得感、幸福感、安全感这"三感"是一项系统性工程，必须始终坚持"以人民为中心"的理念。

思考题

    智能化治理让乡村、村民共享到了什么？

第七章

愿景：
踏上智能化治理的"新征程"

习近平总书记在十八届中央政治局第三十六次集体学习时指出:"随着互联网特别是移动互联网发展,社会治理模式正在从单向管理转向双向互动,从线下转向线上线下融合,从单纯的政府监管向更加注重社会协同治理转变。"*这三个转变,指明了互联网、大数据时代下社会治理的转型方向。短短一年多时间,"村情通"从服务一个村到服务一个县,从简单的村务公开到涉及党建、民生、平安等多个领域,范围不断拓展,功能日益完善,影响逐步扩大。随着社会治理和群众需求的变化以及新技术新手段的运用,"村情通"仍将持续不断地改进、升级。

* 中共中央文献研究室编:《习近平关于社会主义社会建设论述摘编》,中央文献出版社 2017 年版,第 134 页。

第一节　多功能拓展：从"草根系统" 走向"智慧系统"

随着城乡事业的不断发展和各领域改革的持续推进，因经济成分、就业方式、利益关系、分配方式和价值观念等多种因素影响，出现了社会结构分化、价值观念多样化、利益主体和利益诉求多元化等新特征，给社会治理带来了严峻挑战。"村情通"的下一步发展，将主动适应多元、多样、多变的社会发展特征，从供给端、需求端、管理端三方面着手，推进一场"供给侧"改革，不断提高平台的社会化、智能化、专业化水平。

一是从供给端着手，持续推进制度融合、力量融合、技术融合。在制度层面，进一步厘清社会治理权责，落实乡、村两级责任清单、任务清单，尤其落实村级组织依法协助政府管理事项、依法履行职责事项，优化"一长三员"职责清单等。在力量层面，全力推进"三个整合"：整合县乡服务平台干部、村级全科网格干部等骨干力量；整合在村、外出党员和群众等监督力量；整合群团、社团等社会力量。在技术层面，注重上下贯通：向上，与上级各类信息系统全面融合打通，最大限度实现数据共享；向下，延伸各类服务系统，最大限度为群众提供信息化政务服务。

二是从需求端着手，着重解决群众想什么、缺什么、怕什么问题，不断提升服务品质。首先，往"想"的方向努力。群众最想的是美好的生活，而且需求的内涵不断丰富，外延逐步拓展，就要千方百计为群众干实事、干好事、干成事。其次，往"缺"的地方用劲。老百姓最缺的是发家致富渠道，就要想方设法多提供信息、培训等服务，让老百姓更方便地就业创业。再次，往"怕"的方面整改。老百姓最担心干部不公正、权益无保障，因此要畅通民意反馈渠道，加强监督力量，让权力运行在阳光下。

三是从管理端着手，加强服务主体绩效考核。首先，管好三支队伍：加强智慧党建，管好党员队伍；让群众主导村监委会考核评议，管好村"两委"队伍；做好巡查报告、办事服务、诉求反馈等模块的"痕迹管理"，管好网格员队伍。其次，深化群众监督、评价体系建设。探索建立满意度测评、事件处理抽样回访、县乡领导干部联系"村情通"等机制，做到村民有反映、干部有回应。

基于上述考虑，未来的"村情通"，将覆盖农村、社区、园区等各类群体，整合县乡村各级信息和各类办事服务资源，贯穿老百姓"衣、食、住、行"各个层面，满足群众"看、说、办、评"各类需求，最终形成覆盖全县域、可复制、可推广的基层智慧治理与服务综合性平台，实现从"草根系统"向"智慧系统"的华丽转型。这其中，包含了"村情通"自身的迭代升级和"社情通""企情通"等新平台的开发应用。

一、"村情通"迭代升级

基层社会治理的重点和难点在农村，因为这里矛盾纠纷最复杂、利益诉求最直接、民生需求最迫切。"村情通"在经过两轮升级后，如何更接地气、更加主动发挥作用？关键从以下四个方面拓展：

一是信息公示更加及时、公开、透明。在主页醒目位置设置公开栏，打通与政府门户网站数据链接，建立各部门公众号专栏，实现一键同步资讯、自动调用查阅。对法律法规、政策文件、规章制度长期公开，对常规性、阶段性、动态性工作适时公开，对涉及群众切身利益的县、乡、村三级各类重要信息及时公开，让老百姓知道党委政府在想什么、干什么、干得怎么样。

二是诉求办事更加全面、高效、便捷。完善在线申报系统，将适合网上办理的所有事项应上尽上，做到"一窗式、集中批、联合审、不见面"。丰富"村民信箱"功能，建立代办制好中差评价体系，评价结果自动上传至综合信息指挥中心，纳入网格员考评系统。

三是村民自治更加有力、有为、有效。开设"大喇叭"专题板块，建立村级聊天群、信息广场，增加村庄大事件直播功能，凡涉及村民利益的重大村务、重要事项都可通过"村情通"平台进行集体讨论、民主协商，实现村民"指尖下""云端上"的自我管理、自我教育、自我服务。

四是富农惠农更加聚焦、精准、直接。设置乡村振兴专题板块，整合精准帮扶、涉农补贴、农技110、乡村旅游等涉农功能，推动互联网与农业信息服务、特色产业发展、农产品加工销售、本土品牌打造等紧密结合。

图 7-1 "村情通" 3.0 版本框架图

二、"社情通"延伸拓展

"社情通"是"村情通"针对城市社区居民开发的版本。城市社区与农村相比，有较大不同。首先是成员结构的差异，城市居民文化背景不同，职业种类繁多，收入差异较大，社会分化程度高。其次是归属感认同感不同，一个村庄，需要经过几代甚至几十代人的紧密劳作、生活、繁衍，从而形成一个共同体；而城市社区出现时间较短，人口迁移频繁，城市家庭多为独门独户，个体意识较强，群体意识较弱，邻里关系较淡。在智能手机普遍运用的城市开发应用"社情通"，有硬件推广上的先天优势，但在移植"村情通"核心服务管理板块的基础上，需要增加特有板块。

一是增加"掌上社区"功能。在主页开设社区公约、社区动态，滚动发布社区管理信息，及时公布执法进小区情况，曝光不文明现象，让"自扫门前雪"的城市居民获悉身边发生的

图 7-2 "社情通"1.0 版本结构图

大事、小事，唤醒公众意识、集体意识，积极主动参与社会治理。

二是增加物业服务功能。针对物业规范化管理这个城市居民最为关注的问题，建立统一服务标准体系，确保可查询、可对比、可监督；增加物业费、水电煤费"掌上"缴纳功能，建立"居民上报—物业处理—居民评价"的物业诉求系统，着力打造阳光物业、暖心物业。

三是增加"友邻计划"功能。在平台开设购物板块，集合粮油、蛋奶、水果、蔬菜、家电家具等日常生活用品，方便社区居民日常生活。在居民消费的同时，为所在社区募集特定比例资金作为公益基金，用于社区日常管理、设施维护、硬件更新等，实现"小区是我家，建设靠大家"。

三、"企情通"开发应用

社会治理需要多主体共同参与。在整个社会体系中，企业既要承担创造价值、推动经济发展的任务，也要履行市场主体的社会责任。推进"村情通"向园区企业延伸，是发挥企业社会治理协同作用的积极尝试。本着"政府更好服务企业，企业更好回馈社会"的初衷，未来的"企情通"在嫁接一部分"村情通"功能基础上，"因企而异"开发应用一些新的功能。

一是设置综合宣传板块。包括园区概况、明星企业介绍、通知公告发布、务工信息等主要内容。

二是设置"两新"党建板块。全面对接"智慧党建"系统，将党建资讯、党员活动、党员学习、党员服务等内容纳入其中，为"两新"组织规范化建设、特色化发展开辟网上阵地。

三是设置高效办事板块。包括办事指南、网上约办、园区信箱等内容，平台端口全面对接省政务服务网，确保企业法人、企业员工"办事不出园"。

四是设置基础信息板块。由企业上报、园区审核，共同配合建立完善企业基本信息和务工人员信息，相关数据同步进入全省数据库。系统可对企业、人员进行按条件筛选、查询，为企业日常监管、务工人员动态管理提供智慧支撑。

五是设置安全生产板块。建立"日常巡查—企业巡查—专项治理"等掌上信息记录、反馈、处理系统，及时有效发现安全隐患、处置突发安全事件。

六是设置工会服务板块。包含民主管理、工会建设、工会活动、民生信箱等多项服务内容，重点关注解决职工身边事，成为维护职工特别是外来务工人员合法权益的网上"娘家人"。

第二节　大数据应用：从"感官神经"走向"智慧大脑"

　　在当今的信息时代，大数据正以其类型多样、容量庞大、存取迅速、应用广泛等特点引领着一场巨大的社会变革，带动社会治理思维方式、行为模式和治理理念的全方位转变。习近平总书记在 2017 年 12 月 9 日中共中央政治局实施国家大数据战略第二次集体学习时强调，要建立健全大数据辅助科学决策和社会治理的机制，推进政府管理和社会治理模式创新，实现政府决策科学化、社会治理精准化、公共服务高效化。[①]"村情通"系列平台每一项功能的每一次点击，都在为背后综合信息指挥中心强大的数据库收集信息，这就好比无数个神经元细胞经过不断汇聚，最终形成一个智慧的大脑。当然，简单的数据采集只是第一步，要真正发挥"智慧大脑"辅助科学决策和社会治理的作用，需要做到用数据精准治理、科

----

①　《审时度势　精心谋划　超前布局　力争主动实施国家大数据战略　加快建设数字中国》，载《人民日报》2017 年 12 月 10 日，第 1 版。

学决策、高效服务。

一、用数据精准治理

以往依靠人海战术、运动式执法、被动式执法的传统治理模式已经不合时宜，大数据下的社会治理更加强调精准化，即以社会问题和社会需求为靶向，能够及时感知社会态势、畅通沟通交流渠道，精准实施各类预警、识别和管理。围绕这一方向，“村情通”未来发展大致可分为三步。

第一步，打破各部门间“信息孤岛”。长期以来，政府各部门间的比较和竞争导致部门分化，各自投入建设的不同信息系统被视为其独有资源，每个都成为了一座“信息孤岛”。但是，没有跨领域、海量性、专业化的数据开放共享，以大数据推进社会治理精准化就是一句空话。目前，“村情通”已经整合了部分职能部门的信息资源，仍需持续发力，主动打破部门与部门间的行政壁垒和信息封锁，不断整合长期分散的数据资源，尤其是整合包括城市建设、劳动就业、社会保险、公共医疗、交通管理、社会救助、社区服务、质量监督等重点领域的数据资源。

第二步，构建大数据分析系统。通过获取、存储、分析等手段，推动个体身份数据化、行为轨迹数据化、思维模式数据化和数据关联化，逐步对数以万计的数据实现自动流程化管理，将具有海量规模、快速流转的大数据变成活数据。比如，某人在平台上申请了一项办事业务，后台数据库即时对这项行为动作进行分析，包括年龄、性别、户籍地、职业身份、所办事项、办事效率等，使单个行为形成一系列数据成果。随着申报该业务人员的增多和数据的累积，可以延伸分析出哪个年龄段、哪类社会阶层对哪些事项诉求迫切。

第三步，推进大数据分析结果的精准化运用。根据社会治理的重点领域和薄弱环节分门别类建立数据化模型。比如，通过"企情通"平台的安全生产模块，运用大数据掌握辖区内安全生产事件的发生规律、安全隐患点的分布，能够科学合理地部署力量，有针对性地制定防护措施，从而有效改善本地区生产安全状况。再如，在精准扶贫方面，可以运用"村情通""乡村振兴"板块的大数据，对区域内贫困户、贫困村进行精准识别、精准帮扶、精准考核，对各类扶贫资源进行优化配置，帮助构建精准扶贫长效机制。

二、用数据科学决策

随着社会事业的发展，各类公共事务日趋复杂，单凭个体感知很难全面了解所有事情并作出正确判断。提高党委政府决策的科学性，需要运用大数据的思维与技术，依靠大规模数据收集和把握当前经济社会发展的运行现状、运行规律，通过各类关联数据间的对比、分析来掌握决策的依据、优化决策的过程、跟踪决策的实施。

第一，依托大数据掌握决策依据。在大数据背景下，党委政府决策的制定已不再是个别领导干部"拍脑袋"的想法，而是注重"用数据说话"，即对客观数据进行科学分析、充分了解现实的基础上作出的，这样一来，大大提高了决策的精准性、操作性。比如，针对重大政策出台前的社会风险评估，可以通过"村情通"系列平台广泛发放调查问卷，提高群众知晓度、参与度。在此基础上，运用大数据研判，做到对群众的支持或反对心中有数、对各种可能出现的风险应对有策、对存在的问题及其原因对症下药。再比如，通过"群众信箱""诉求办事"等平台功能的数据分析，及时了解掌握群众反映强烈的热点焦点问题，便于有针对性地制定政策、采取措施，从而有效化解社会矛盾，预防社会风险。

第二，运用大数据优化决策过程。决策过程是决策者在掌握大量有效信息后进行分析判断的一系列逻辑性工作，需要大量历史数据、即时数据和关联数据。未来的"村情通"将作为"智慧社会"的重要组成部分，依托数量更多、范围更广、时间跨度更长的数据建立模型，对一些特定的决策结果进行仿真呈现，帮助及时优化决策方案。比如，在新增路口红绿灯时，通过平台的智能手机定位配合道路实时监控系统，掌握路口车流、人流等数据，纳入整体交通网络中进行数据建模，从而合理调整红绿灯等待时间，保持道路通畅。

第三，运用大数据跟踪决策实施。在决策实施过程中，通过大量客观数据的快速跟踪反馈，能够更及时、更全面地掌握决策实施的实际效果，为下一步决策推进或改进指明方向。比如，通过平台的"大喇叭""信息广场""居民聊天群""随手拍"等功能板块，从群众评论、意见建议、问题投诉等多方位跟踪决策"干得怎么样""干得好不好"，逐步提高决策科学化水平。

三、用数据高效服务

随着人民群众生活水平的不断提高和对美好生活的向往，对公共服务供给提出了更高要求，而目前很多地区的基层公共服务在力量配备、资源配置上都存在较大短板，大数据技术的应用能够有效弥补这些短板。未来的"村情通"平台将从以下几个方面进行探索。

一是建立"掌上"公共服务需求数据库。通过平台运作，对群众的公共服务需求进行数据整合与挖掘，与区域公共服务供给数据库进行匹配分析，根据供需关系优化区域和城乡之间的资源配置，促进资源协同利用，降低公共服务成本。比如，城乡教育、医疗卫生资源配置不平衡是很多地方的老大难问题。通过"村情通"系列平台的直播功能，将分散在不同教育、医疗机构的服务资源从线下搬到线上，为农村地区学生提供个性化远程教学，为公众提供便捷的远程医疗服务。

二是建立"掌上大家庭"。首先，完善平台用户实名制认证系统，通过一级认证（手机认证）、二级认证（身份证、驾驶证、银行卡认证）、三级认证（人像扫描认证），将用户个人信息资料数据化。在此基础上，通过公安、民政等部门的数据对接，将各用户间的户情关系、亲情关系进行数据关联，从而建立起庞大的"掌上大家庭"，凭借无空间限制的血缘亲情等特征，与传统线下地域性网格化管理形成互补。这项工作在实际生活中应用广泛。比如，如果一位居民在外发生意外，可以通过"掌上大家庭"迅速联系其亲人；如果小区居民家中发生火灾而联系不到本人时，可以通过"掌上大家庭"联系到亲戚。

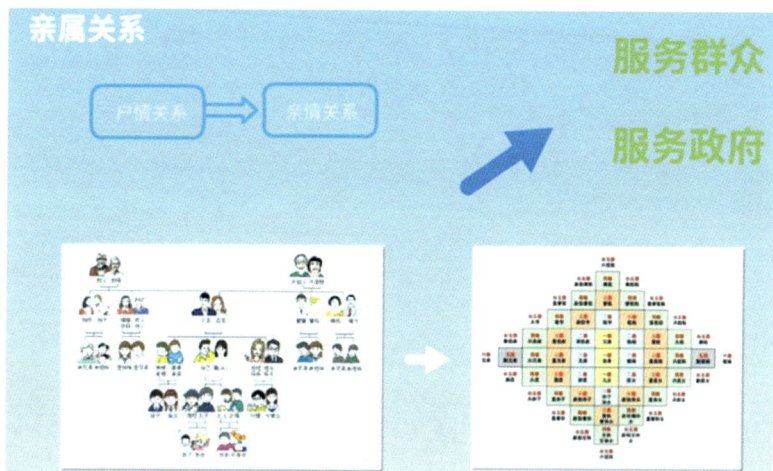

图 7-3 "掌上大家庭"社会网络图

三是实行"暖心"提醒计划。在现实生活中，有一些城乡居民受文化、年龄、居住地、身体原因等条件限制，对理应享受的权益不清楚。从"以人民为中心"的角度出发，可以依托"村情通"平台的大数据分析，标示出老年人、残疾人、低保户等各类重点人群，对符合条件而未申请享受惠民政策的人员及时告知提醒，并推送相关部门、工作人员和网格员进行上门服务，进而改变部分惠民政策"不申请不受理"的现状，让老百姓感受到党委政府的关怀。

第三节　全方位保障：从"智慧模式"走向"智慧经验"

任何一件新鲜事物从出现到逐渐被人们所接受再到形成成熟完善的运作模式，都需要一个演变的过程。只有经过不厌其烦、周而复始的对比、论证、实践，不断适应时代特征，不断满足更多人的需求，才能保持旺盛的生命力。对于"村情通"而言，其依托互联网这个"线上"平台破壳而出、应运而生；也必须依靠背后强大的技术支撑和人、财、物等全方位保障，将"线下"的根基越扎越牢，从而确保丰繁旺盛、经久不衰。在此基础上，将整体运作模式进行固化，形成完整的机制体系，从单一地区的治理模式转变成可复制、可推广的治理经验，为乡村治理体系和治理能力现代化建设贡献力量。

一、发挥"人"的主体作用

社会治理是对人的服务与管理，实质就是做好人的工作。"村情通"的发展，既需要党委政府、部门乡镇、群团组织和社会组织的协同配合，也需要广大党员干部和基层群众的共同参与，构建上下衔接贯通、左右协调联动的体制机制，实现各层级同频共振、各方面同向发力，不断扩大社会智能化治理的整体效应。

首先，打通体制内条块脉络。整合优化以"村情通"为主，各级综合服务平台、各单位自主应用平台为辅的内部大数据中心、大指挥平台、大服务网点，确保接收需求指令"一窗收纳"、内部数据信息流转"互联共享"、对外服务反馈"一网无遗"。构建县域基层治理绩效指数考评体系，充分发挥综合考核"指挥棒"作用，对部门乡镇实行责任捆绑考核，倒逼各部门单位和乡镇强化重视、协调互助，推进关口前移、重心下移、资源下沉、权力下放，持续推动"村情通"常态化工作、实质化运行、高效化处置。

其次，加强网格员队伍。网格员承担着日常巡查、信息采集、问题反馈、服务代办等重要职能，是"村情通"的线下代言人。要按照队伍相对稳定，人员数量、业务能力与实际工作需要相结合的思路，建强网格员队伍。以本地长期生活、群众威信高、工作责任心强等综合因素确定专职网格员，发挥"地熟""人熟""情况熟"等优势，让信息传递更加快捷，问题处置更加准确，矛盾化解更加及时。同时，吸收一批平安综治、环境保护、公共管理、信息技术、规划建设等领域的专业人员充实兼职网格员队伍，便于及时发现、上报、处置一批紧急性、突发性、专业性问题。加强网格员日常业务技能培训，确保学精学透、入脑入心、真懂真用，不断提高队伍专业化水平和履职能力，使"村情通"平台"办小事、报大事，办实事、解难事"成为基层新常态。

第三，深入发掘群众潜力。人民群众参与是化解社会矛盾、推进基层治理的强大动力。放大先进典型的正能量效应，利用近年来活跃度高、群众知晓度高、社会贡献大的先进典型，培育一批公益性、志愿性、群众性的社会组织和公益团体，打造一批"村情通"的"掌上大V"，以典型示范引领群众主动参与、积极投身社会治理。以最接地气的户籍、土地、住房等村情民情信息网为基础，开发交流互动平台，让群众通过"村情通"更深层次地开展交流、互动、评价，相关部门、乡镇管理员可视可查可介入，切实把社会治理中的小问题在萌芽、可控状态下解决，在群众中消化分解。

二、强化"智"的技术支撑

在新一轮科技革命的背景下，每天都有大量的新产品、新技术、新应用诞生，不断影响、改变人们对外界事物的感观、体验、认知。智能手机就是一个典型案例，从诺基亚的塞班系统，发展到更为成熟、更有个性、更具操作性的安卓系统、苹果系统，智能手机的更新换代无比迅速。而基于智能手机应用平台的"村情通"，更要顺势而为，积极嫁接、植入新技术、新应用，才能历久弥新。

一方面，主动与前沿科技相碰撞。比如 VR 技术（即 Virtual Reality 的缩写，中文即虚拟现实）通过借助最新传感器技术创造崭新的人机交互，能够全方位调动用户的视觉、听觉、触觉等感官感受。可以设想，在未来"村情通"的信息公布、村容村貌展示、用户沟通交流中植入 VR 技术，能够让用户拥有更加直接、立体的感受。再比如，目前蓬勃兴起的区块链技术，是一种去中心化、分布式的账本技术，具有不可篡改、可追溯等特征，适用于多元主体参与、多个环节和流程的治理过程，如果将"村情通"与区域链技术相结合，将有助于智能化治理过程中的机制重塑、流程改造、服务精准、效率提升。

另一方面，进一步提高信息安全管理水平。随着"村情通"平台应用范围的不断拓展和延伸，将承载更加庞大、隐私的信息数据，安全管理尤为重要。在用户端，可以将面部、指纹、声纹等生物识别系统植入用户认证系统，既能建立更为完整的个人数据信息库，也能构建更为稳固的安全防护系统。在管理端，既需要跨部门、跨行业、跨领域的数据互通共享，也不能一股脑不加辨别地将所有数据全面开放，否则很可能带来隐私机密大泄露。因此，需要依照按需、契约、有序、安全的原则，对数据实行有边界、有规则、有步骤的开放，形成不断开放闭合的跨部门数据共享机制，并根据相关法律和约定对开放对象数据使用情况进行监管，从而实现数据开放需求、隐私保护需求和安全保障需求之间的平衡。

三、优化"事"的管理服务

"村情通"研发的初心是为人民服务，立足点是为老百姓解决实际问题，让广大老百姓想用爱用、会用实用，而不是曲高和寡的"阳春白雪"。因此，"村情通"的发展，需要基于"事"的扩展，打造"万事"如意的服务化平台。"村情通"是党和人民、政府和百姓互联互通的重要渠道，需要县、乡、村三级共同发力，线上实时动态监测村情村务，线下常态化巡查防火防汛、地质灾害等重点安全隐患，高频走访骨干对象、服务对象、管控对象等人员，实现"基础信息不漏项、社情民意不滞后、问题隐患全掌控"。高度重视群众在"村情通"中所反映的问题，尤其是相当一部分与群众息息相关、迫切需要的民生服务类事宜，做到第一时间受理、第一时间办结、第一时间反馈，做到"民有所呼、我有所应"。坚持"从生活中来到生活中去"，贯穿群众"吃、穿、住、行"等各个层面，持续叠加与群众生活密切相关的各类功能，包括享受政策、申领补贴、审批办事等，让"村情通"成为群众生活的"水和空气"。以"活动行为"为导向，全面满足群众"看、说、办、评"的需要，积极引导鼓励群众主体参与，特别是村、网格作为民生服务一线，把好前关，对群众反映的问题不回避、不推脱，想方设法帮助解决，对走访中了解到的民生难题，竭尽所能相帮相助，将"村情通"建成一张有温度的、有生命力的、温暖的民生服务网。

小　结 ▸▸▸

新时代是一个急剧变革、不断创新的时代。政治经济社会改革、发展、稳定要求治理理念、治理制度、治理方式、治理机制、治理手段创新。"村情通"是基于移动互联网基础上创造的联系群众、沟通群众、服务群众的治理平台，是对广大基层农村干部群众对参与权、建议权、监督权和表决权等民主权利的有效回应，是顺应科技发展和人民美好生活需求的变革路径，这不仅是一个有领导科学理论支撑的治理革命，也是一场被实践证明为有效的治理革命。依托"村情通"，以"党建统领＋群众路线＋智慧治理"推动基层组织和基层网格深度融合，实现了线上管理和线下服务的深度融合，回答了党建统领怎么领、智慧治理怎么治、群众工作怎么做等问题；探索了干部跑、数据跑、物流跑"三跑"机制，形成了网格员线上线下协办服务和"零审批""零跑腿""跑一次""全代跑"清单，实现了群众"在线办事、指尖办事""零跑腿"；通过优质服务，提高了老百姓对"村情通"的粘度，推动了基层群众"齐"参与、"愿"参与、"能"参与、"真"参与、"常"参与，形成了共同价值目标和共同解决社会治理难题的新模式。

在奔向实现伟大梦想的道路上，广大基层乡村是最短的短板、最大的差距、最多的不足。差距就是突破口，不足就是增长点。广大基层农村大有市场、大有可为，随着乡村振兴战略的各项举措持续落地，资金资源资本流向农村，信息科学技术深入基层，农村的广阔空间必将迎来爆发性、跨越性的发展，农村的产业、人才、文化、生态和组织必将迎来全面振兴的"春风"。

💡 思考题 ▸▸▸

乡村智能化治理未来的发展趋向是什么？

主要参考文献

1.习近平:《之江新语》,浙江人民出版社 2007 年版

2.习近平:《干在实处　走在前列》,中共中央党校出版社 2006 年版

3.《习近平谈治国理政》,外文出版社 2014 年版

4.《习近平谈治国理政》第二卷,外文出版社 2017 年版

5.中共中央文献研究室编:《习近平关于社会主义社会建设论述摘编》,中央文献出版社 2017 年版

6.中共中央文献研究室编:《习近平关于社会主义政治建设论述摘编》,中央文献出版社 2017 年版

7.《十八大以来重要文献选编》(上),中央文献出版社 2014 年版

8.《十八大以来重要文献选编》(中),中央文献出版社 2016 年版

9.《十八大以来重要文献选编》(下),中央文献出版社 2018 年版

10.费孝通:《乡土中国》,北京大学出版社 2012 年版

11.俞可平:《论国家治理现代化》,社会科学文献出版社 2015 年版

12.徐勇、孙厚权:《地方治理新视野》,人民日报出版社 2017 年版

13.周红云:《社会资本与中国农村治理改革》,中央编译出版社 2007 年版

14.党国英:《城乡一体化发展要义》,浙江大学出版社 2016 年版

15.贺雪峰:《乡村治理与农业发展》,华中科技大学出版社 2017 年版

16.邓大才:《小农政治:社会化小农与乡村治理》,中国社会科学出版社 2013 年版

17.周庆智:《在政府与社会之间:基层治理诸问题研究》,中国社会科学出版社 2015 年版

18.权丽华:《国家治理能力现代化背景下的乡村治理研究》,光明日报出版社 2016 年版

19.尤琳:《中国乡村关系——基层治理结构与治理能力研究》,中国社会科学出版社 2015 年版

20.董磊明、郭俊霞:《乡土社会中的面子观与乡村治理》,载《中国社会科学》2017 年第 8 期

21.吴莹:《空间变革下的治理策略——"村改居"社区基层治理转型研究》,载《社会学研究》2017 年第 6 期

22.陈荣卓、祁中山：《乡村治理伦理的审视与现代转型》，载《哲学研究》2015 年第 5 期

23.巢小丽：《乡村治理现代化的建构逻辑："宁海36条"政策绩效分析》，载《中国行政管理》2016 年第 8 期

24.刘昂、王露璐：《乡村治理目标的伦理缺失与理性重建》，载《伦理学研究》2018 年第 2 期

25.张春华：《大数据时代的乡村治理审视与现代化转型》，载《探索》2016 年第 6 期

调查问卷

1.您的性别是（　）

A.男性　B.女性

2.您的年龄是（　）

A.20岁以下　B.21—35岁　C.36—45岁

D.46—59岁　E.60岁以上

3.您的职业是（　）

A.在家务农/家务　B.打工，但基本每晚回家住宿

C.长期在外打工　　D.其他

4.您通过何种途径关注"村情通"？（　）

A.村干部推荐　B.邻里推荐　C.自己搜索关注

5.您一般多长时间登录或使用一次"村情通"？（　）

A.每天1次以上　B.每周2—3次　C.每月2—3次

D.基本不登录或不使用

6.您觉得"村情通"使用后，村里的"三务公开"等与自身利益相关的信息是否更加透明？（　）

A.更加透明　B.一般透明　C.基本没变　D.更加不透明

7.您觉得"村情通"使用后,您或您家人在办事效率上是否有提高?（　　）

A.提高很多　B.提高不多　C.基本没变　D.反而降低

8.您觉得"村情通"使用后,您或您家人反映的问题是否能得到有效处理?（　　）

A.能　B.一般　C.不能

9.您最常用或最关注的信息是哪些?（可多选)(　　)

A.村情动态、"三务公开"等　B.务工信息、便民服务等

C.党员先锋　D.美丽乡村　E.平安服务　F.村民信箱

G.随手拍　　H.其他

10.您觉得"村情通"的使用对您或您家人在生活工作上是否有帮助?（　　）

A.帮助很大　B.帮助较大　C.帮助一般

D.基本没有帮助　　　　E.无所谓

11.您觉得"村情通"还需要增加哪些功能板块?（可多选)(　　)

A.种植养殖指导　　　B.农产品销售

C.医保社保等事项查询　D.乡村旅游

E.涉农补贴补助　　　F.其他＿＿＿＿＿＿＿

12.哪些乡村特殊群体更能感受到"村情通"的便捷?（可多选)(　　)

A.孤寡老人　B.居家主妇　C.残障人士　D.务工人群

13.您觉得使用"村情通"的过程中，哪些关系得到了明显改善？（可多选）（　　）

A.当家作主　B.邻里关系　C.环境治理　D.没有感觉

14.如果利用"村情通"打造乡村天网监控安全系统，你有什么好的建议？

15.对于"村情通"您还有什么意见或建议？

部分采访资料

故事 1：数字让村务"跑"起来

每个农历新年前都是各个村"两委"忙得不可开交的时候，除日常事务外，村干部得分批走访村里的困难户。尤其走访 70 周岁、80 周岁以上的老人，由于数据会动态变化，走访前的信息核查得花不少时间。"自从有了'村情通'，现在只要几秒钟哩！"张王村的王会计直言如今便利很多。

为何只要几秒钟？王会计打开"村情通"网页示范操作起来：首先打开村务管理，进入村民信息，再点击右上角的村民数据操作，这时电脑上就会跳出一个导入村民信息的模板，要在导出条件里勾上姓名、性别、身份证号和家庭地址，一组齐全准确的数据便真的在几秒钟内产生。名单出来后，村

"两委"分工合作，3 天时间内走访了节前需要慰问的所有农户，"结束后，我们还会在村务动态里发布消息。"王会计解释，传统的方式是制定名单后必须到所辖派出所核对，如今这种"秒导"方式不仅提高效率，准确率还很高。事实上，"村情通"的这一功能早在去年的村社换届中就被广泛运用，鉴于此，选民清单确定时间从以往的 3 天缩减为 3 小时，准确率高达 100%。

"2018 年 2 月 9 日至 3 月 2 日，为全县森林禁火期，全县范围内的所有林区及距林地边缘 50 米范围内为森林禁火区。"姚某是夏家村的网格员，两天前，她一收到乡里统一发过来关于春节和元宵节期间的森林防火通知，就第一时间把内容传到了村务动态里。她解释，由于地处山区，春节期间森林防火形势严峻，通过"村情通"传递信息比起以往挨家挨户发传单，速度快了，效果也更好了。"第一天发出去一个小时，阅读量就超 100 多人了。"

就是这样，小小"村情通"让每个村实现了"一个群"的信息化组织模式，依托群团组织优势，做到"基础信息不漏项、社情民意不滞后、问题隐患全掌控"，极大地破解了农村群众动员组织难的问题。

故事 2：疏通心路乐了百姓

4 月 25 日下午，源头村 84 岁的苏老太偶感身体不适。她和往常一样向村卫生室走去，没一会儿就顺顺畅畅到了。"姜医生，这条路修得好啊，我可以放心大胆走了。"一见到村卫生室的姜医生，苏老太就忍不住称赞。

村卫生室前的这条路不到 5 米长，一直以来都是一条窄窄的泥路，难免有几颗小石子，雨水天气会有水洼。对于年轻人来说，这样的状况并不会太影响出行，但对于老年人而言实在是太不方便了。姜医生说，几年前一位年逾 90 的老人曾摔倒在这条路上。"当时我都吓坏了，幸好没有大问题。"

姜医生坦言，曾经他多次想自己出资把路面硬化了，可是邻居闹意见。他多次将事情反映到村"两委"，但一直没有得到解决。他为此心里一直有点"堵"。直到去年 7 月，他儿子在"村情通"上发了一封匿名信反映此事，没想到第二天就得到了回复。后来，乡、村两级干部多次召开会议达成一致。农历十二月，路修好了，横亘在老姜心里的这条路也疏通了。

故事 3：一封信换来一个新风景

是日，茶圩里村正在开展村庄环境整治活动，网格员颇为感慨。"自从一周前'村情通'上公示后，不少村民都积极配合，早早收拾起了自家的铁皮棚，等着村里来拆除。"不只如此，他明显得感觉到，小到河道垃圾，大到政策宣传，"村情通"上随着信息公开化和宣传的透明化，越来越多的村民都更关心村里的发展了。

"大大小小的事，都会通过'村情通'来反映，更多的村民身体力行地参与到村庄治理中来。"不到半月，一村民失地保险手续就顺利办完。原来办理手续，需要村里盖章、社保局办理等一系列的流程。"平时我要上班，材料没有时间自己拿去办，多亏了网格员的帮忙。"月初填报了资料后，就由网格员一手"包办"了，村里证明，表格上送，中间只需本人带上身份证件去社保局确认。短短半月，公示完成，村民就成功办理了保险。"'村情通'信息多，我们也能及时了解政策，加上网格员也耐心细致，让我们对村委工作更放心。"

故事4：汛情火情早知道早处理

对于金龙村的网格员来说，"村情通"真是一个"好帮手"。她回忆，早些时候她接到了父亲的电话，父亲在电话里火急火燎地告诉她，在村庄一机耕路边，一片枯草正燃烧着，眼看火势越来越大，再蔓延而上就是一片杉树了。挂电话后，她急忙把消息发上了"村情通"，随后打电话给村支书，并匆忙骑着电瓶车赶往现场。

村里80多岁的张老胆战心惊地躲在一旁，对越来越大的火势束手无策。她见状，抡起电瓶车上的水桶到溪边装了桶水泼过去，火势并未有明显减弱，接着又泼了一桶，这时，身边竟来了10多位村干部和村民，他们泼水的泼水，用锄头铁锹一起把火灭了。张老看着这一幕惊心未定，对大伙儿说："下回我不敢这样干了，今天多亏大家来得及时。"

事后才知道，是"村情通"管理员看到她发布的信息后，就近通知了村民和村干部，大家才及时赶到。

源头村委主任也回忆起去年汛期的一件事。"那天傍晚，我刚到城里就接到了'村情通'值班人员的电话，说在上面发现一条信息，反映村里某幢黄泥房有倒塌的危险，里面还住着90多岁的孤寡老人。"一听大吃一惊，马上叫车回到村里，和村干部立马安置了老人。"当天夜里11点多，这幢泥房就倒了一面墙。"

青塘坞村的网格员对"村情通"带来的便利也深有体会。她记得，今年春节前一段时间，多阴雨天气，巡查时发现方山下自然村村道的水泥路面下有被边上小溪不断上涨的水流冲毁的迹象，立马拍照将图片发到"村情通"，并辅以简单的文字说明。过了没几天，发现水泥路面下的路基已经得到了修复。

故事5："指尖办事"零跑腿

"没想到足不出户就办好了宝宝的户口登记，'村情通'实在是很方便！"近日，上向塘村的廖女士接到了派出所民警为她送上门的户口簿，连连点赞。

她前不久刚生完小孩，在网格员的告知下，通过"村情通"就可以在网上办理了新生儿登记。于是，尝试着上传了身份证、户口簿、结婚证、婴儿出生医学证明等材料，提交了申请。没想到派出所的户籍民警立即上门服务，为孩子办好了户口。

"零跑腿！这要是以前是不敢想的，就算资料全带齐也得亲自跑一趟。万一遗漏了哪项资料，还得再跑一趟也是常有的事情。"廖女士直夸"村情通"办事方便。

有了"村情通"，新王村村民饶某也同样感受到了"指尖办事"的便捷。他和妻子常年在杭州上班，眼下正为办理生育登记的事情烦心，在同村亲戚的告知下，用"村情通"很快就办理了二胎生育登记。打开手机，点击"村情通"里的"计生服务"项，上传相关资料和证件照片，证明办好后，直接快递送达。"真的是动动手指，就能坐等证明到手了。"

回想起2009年生第一胎的时候，饶某直摆手。"费时费力，真不方便。"他说，那时候，为了办理生育登记，他专门请了假，跑回老家办登记，由于不熟悉，资料没有带齐全，前前后后跑了好几趟，花了好几天时间才办下来。真是没想到现在办事这么方便。

故事6：一个"二维码"少跑百里路

"这'村情通'不用不知道，真的是太方便了！"新槽村的林先生一讲起"村情通"的好处就滔滔不绝，"虽然我就是一个普通村民，但是在平时生活中真的实实在在地感受到'村情通'带给我的实惠。"

林先生讲了年初他帮儿子、儿媳办准生证的事情。"儿子常年都在金华工作，儿媳也在城里，要他们一起凑一个时间回乡除非逢年过节，否则挺难的。"林先生回忆起当时的情况说，"正在我发愁的时候，村里的'村情通'管理员告诉我可以用'村情通'办理准生证。"村里网格员把"村情通"的二维码发给儿子，再告知相应的办理流程，没过多久他就收到了一条来自儿子的短信："爸，我们孩子的准生证办下来了，这'村情通'真是太神奇了！"

至此之后，"村情通"成为了在外的儿子、儿媳了解家乡变化的一条纽带。"村里要造廊桥了，造好以后给我发张照片哈。""听说我们家附近要修凉亭了，修好了你们俩老也好去玩玩。"林先生经常收到儿子发来的信息，告诉自己家乡的新变化，他不禁笑着感慨："这儿子不在家里住，感觉反而比我更了解家乡呢！"

故事 7：矛盾不出村

这些天，腰塘边村"村情通"中的"村民信箱"栏中出现了 9 条反映有人放养羊而影响水质问题的邮件。

村民集中反映同一问题，村"两委"高度重视，得知情况后，马上到现场核实，并上报镇里。目前，县环保部门已到现场查看；县疾控中心也派员提取水样，检测报告近期将出来。

有情况，可反映；有问题，必解决；有结果，定发布。打开"村情通"界面,一边翻页一边介绍,自推广"村情通"以来,共收到村民反映的道路浇筑、路灯损坏、河塘清净等问题28条,事事有回复,件件有跟进,办结率达100%。

如今,在腰塘边村多了和颜悦色,少了矛盾纠纷。"我们'村情通'网格员发挥作用可大了。"章某所说的是该村网格员王先生,其曾担任过两届村委会主任,又是老党员,在村中有一定的威望。在组建"村情通""一长三员"时,他自然成了最佳人选。

担任网格员后,他巡查村中安全,回复"村情通""农民信箱"形成常态。去年10月中旬,在巡查时发现,一对婆媳在因房屋归属问题交涉,引起部分村民围观。原来,因婆婆张某的儿子病故后,儿媳妇叶某改嫁,但房屋归属却没有明确,出现了这起矛盾。得知情况后,他及时将事件向村"两委"反映。"问清双方意愿,咨询相关法律,尽可能在村内将问题化解。"他和村干部达成共识,一方面他分别找婆媳谈话,另一方面到村里做好调解。今年3月初,在村干部不厌其烦的交谈和调解下,张某和叶某意见达成一致,由叶某一次性支付张某3万元,房屋归叶某所有。现在尽管叶某改嫁,仍时常会看望张某,张某待叶某也像亲闺女。

故事8:"村情通"成了"灭火器"

"别看小小'村情通',能耐真大!它是我们基层治理工作中及时消除村民矛盾纠纷的'灭火器',效果交关赞!"4月30日,谈及目前在乡亲们智能手机上推广应用的"村情通",有的干部喜形于色地说,平时邻里闹点纷争,村里出现安全隐患,灵敏收集民意民情的"村情通",会架起当事人与村干部之间的沟通"心桥",通过规劝疏导、整改隐患,能便捷高效地消除各方误会,使大家在互谅互让基础上,把矛盾化解于无形,发挥了维护基层稳定和谐的"灭火器"作用。

4月22日11时47分,星火村"村情通"收到一则匿名信息,反映的却是相邻新光村的村民纷争,其大意是,"这几天,我们起了纠纷,村干部好像睁只眼、闭只眼,这样的村干部有问题。我希望上级早点派人来处理……"对此,网格员立即将这番颇有"火药味"的民怨之言转至新光村"村情通"进行办理。次日20时02分,星火村"村情通"就收到了该匿名者的道歉信,"关于4月22日反映新光村邻里纠纷的事,我搞错了!因本人早出晚归,没及时了解现场的最新情况。实际上,镇综治办人员、新光村干部在村民出现纠纷时,第一时间就赶到现场制止,进行了及时处理。我4月22日的草率发布欠妥,向村干部们道歉!谢谢!"说起这事的原委,新光村"村情通"网格员说:"村民对干部的误解误怨是常有的事,'村情通'的网络平台能把他们有时解不开的心结在不需见面的沟通交流中得以化解,成了疏泄火气的'灭火器',消除干群隔阂,增进感情的'粘合剂'。"

无独有偶,前不久,在溪底杜村整改的一处安全隐患,也验证了"村情通"发挥"灭火器"功能的神效。一夫妻平时在外，一年到头难得回家。去年10月3日，他们回村度假。因连日降雨，导致邻居空置的老房子的一堵墙发生大面积倒塌，并砸到了他们的围墙。当时，夫妻俩抱着试试看的念头，把现场照片上传至"村情通"。不料，这一险情马上引起网格员的关注并立即向村主职干部汇报。村干部第一时间赶赴现场进行处理。因出事老房子的产权由3位村民共有，村干部又分头行动，不厌其烦地上门做通3位业主的思想工作。随后，干群联手对这堵长12米、高6米的倒墙进行废土清理、过道疏通，并整改了老房子周边的其他安全隐患。对此，夫妻俩高兴地说："邻里间出现安全隐患后，自己出面理论可能会激发更大的矛盾。通过'村情通'，使家人不需出门跑腿，干部就上门服务。如此便捷高效地消除安全隐患，维护了和睦的邻里关系，真好！"

故事9：七旬党员"恋"上"村情通"

饭后，何某拿起手机，熟练地打开"村情通"，进入"党员先锋"板块，开始了今日的党员学习。学习完毕，他又点击进入"先锋指数"，查看自己的学习积分，"本月90分，排名第三，总分501，排名第一"。

这位时常在积分榜上名列前茅的党员可不是年轻小伙，何某今年已经70岁了，但使用起"村情通"来毫不含糊，甚至比一些年轻人还要熟练。如今的他每天不浏览"党员先锋"就不自在,"你看这名党员,他40多岁,才刚学会用'村情通'学习。"何某有些自豪。他对本月第三的排名似乎还不满意,坦言"想争第一"。他认为有了党员干部积分榜后,更有身为党员的责任感了,同时这也促进了大家之间的良性竞争和互相督促,有利于村里工作的开展。

何某曾担任村委干部,退休后仍有颗闲不住的心,村里有什么事,他都十分热心。自有了"村情通"后,他又有了新的施展空间,"活干不动,手机点点总会的"。在平时的空余时间,他都会仔细阅读"村民信箱""村情动态"等,了解村里的大事小事。

今年3月1日,何某在"村民信箱"里看到有村民因电动残疾车刹车失灵,多次摔伤,向村委求助。"我了解,她家是低保户,身边只有智力缺陷的丈夫,换车这事得靠村里帮忙。"看到第二日村委的回复,他暂时放心了。可之后一连几日没有看见新电动残疾车落实的后续,他坐不住了,直接联系村委,直到确认问题已解决后,才松了口气。

"现在村里有什么事我在家就能知道了。""恋"上"村情通"后,何某很庆幸自己学习使用APP的"超前意识",并鼓励身边的人也用起来。原来他也不会使用智能手机,但他慢慢学,儿子不在身边,有不懂的地方就跑去请教网格员,直到"村情通"的各个功能都如数家珍。也正因为"村里万事他都通",村委邀请他参与监督治水治污等村庄整治工程。"发现问题我就动动手指。"他高兴地说道。

故事 10：顺利渡过汛期

4 月底，连日来，暴雨连绵，大沃口村的村民已早早做好了防汛准备。原来一个星期前，"村情通"上就已发布了防汛预警，几个小时内，村里就有 100 多人浏览阅读。同时村内的网格员们也积极行动了起来，排查安全隐患。

网格员在巡查时，发现徐东北家中屋顶部分瓦片掉落，屋子漏了个大洞。屋主孤独一人，又行动不便，无法独立完成修缮工作，可暴雨将至，屋子漏着可不行。"天气一旦恶劣起来，房子漏雨不说，万一垮掉就麻烦啦。"于是，网格员马上通过"村情通"上报，迅速解决了这件事。年近七旬的屋主感激地拉着网格员的手连声说道："谢谢！"

汛期，正是通过"村情通"的信息传递与网格员的协助帮助，村民才顺利度过了这几日的恶劣天气。

故事 11：拍张照片好安心

"刚开始我觉得这'村情通'也就是走走形式，没想到现在越做信心越足。"双溪村网格员讲起"村情通"来一脸的自豪，"现在我隔一段时间就要看看有没有村民反映信息了，已经完全养成习惯了。"

"我们村现在有 900 多人，沿着公路居住相对集中。"她介绍，"村里的年轻人基本都外出工作了，都只剩些老人小孩，所以每天的巡查都非常有必要。"据了解，村里搭个凉亭建个小公园，他们都会第一时间把照片发到"村情通"上，这样在外的年轻人就能及时了解到家乡的变化，走访期间，她还经常会给老人们拍照转发给他们的子女，让他们能对家里更放心。"年轻人对村里的情况更了解了，对我们的工作也就更支持了。"

"我们村有所小学，这是我们的重点保障对象之一。"她说，"4 月 22 日，我在巡查的时候发现小学后门有一个窨井盖破损，就把这个信息上传到了'村情通'上，乡政府第一时间就做出了处理，在一天内更换了井盖，及时消除了安全隐患。"事后，小学校长还特地找到村里表示感谢。

故事 12：村里有了新型"大喇叭"

"这'村情通'信息公开的功能真的是得到了我们村百姓的交口称赞呢！"在方旦村，"村情通"网格员说，"以前什么财务信息、村务信息，就贴在村委会门口几乎没人看，像我自己就不怎么看。现在好了，各种信息只要在'村情通'上一发布，走在村里都能听到很多人在讨论呢！"她举了个例子，4 月 25 日，他们村在"村情通"上发布的特色小吃培训，没几天就有 10 多个人来报名了。"喏，今天我在村庄里巡查的时候，有个阿姨就说自己的儿子想参加呢！"

阿姨的儿子平日里在县城上班。"这几天厂里没什么事，儿子就回家来休息几天，也算陪陪我。"阿姨表示，当时还是儿子看到这条培训信息的，"当时儿子就觉得闲着也没事，学点手艺也不错。"正准备和"村情通"管理员说这事的阿姨，赶巧这天就遇到了儿子，"儿子还不好意思出来讲，觉得了一个大男人学这些有些丢人。"阿姨笑着说，"谁知，听说这次倒是有很多男同胞呢。这下，儿子去学也不会显得尴尬了。"

"自从有了'村情通'，我都觉得我这个老头也是和村庄建设有着密切的关系呢！"杨村68岁的汪老年轻时都在外做生意，直到3年前才回到老家养老。因为离家多年，对于村庄建设和村务情况，汪老了解甚少。自去年下载了"村情通"后，汪老说如今哪天不"刷"都不习惯了，譬如打开"村情动态"，看看最近村里有何"大事件"；再点开"'三务'公开"，还能了解村里财务收支情况；他还特别喜欢打开"村民信箱"读一读，听听群众反映的大事小事。"美丽乡村里的'红黑榜'设置得很好。"每到月末或季度末，村"两委"检查卫生时都会根据实际情况打分，若谁家上了"红榜"，那自然是有面子的事，反之，可能出门都得低着头走路了。"下次遇到好的，我也要拍一拍。"

故事 13："村情通"里找到人生中首份工作

真武山下村的妇联主席是村里的一名网格员，参加完每月的"村情通"培训会后，她仍在反复操作，熟悉新功能。"我学会了，才能教村民。"

她承认，最初因为实名认证、需要上网等原因，许多人不太接受"村情通"。但现在情况不一样了，越来越多的村民离不开"村情通"，她笑言是"无处不在的魅力"。

去年9月，她例行上门宣传"村情通"操作方法和了解各户使用情况，介绍到计生办理服务时，有村民提起了兴趣："人不用来，就能在'村情通'上办证吗？"得到肯定答复后，她马上打电话给儿子："跟你说个好事……"儿媳已怀二胎数月，但夫妻二人长年在江苏昆山务工，过年也难得回来，无法抽出时间回家办理准生证，眼看离临产期越来越近，一家人正发愁呢。现在有个"远程办证"的好机会，曹某当然激动了。

在妇联主席的说明下，该村民的儿子关注"村情通"、实名认证后，通过生育服务平台上传了身份证、户口本、结婚证等电子材料。期间，因为上传资料不全等原因，失败了五次，最终当天就办好了准生证。"资料少上传了马上能补，要是少带了跑四五趟可就吃不消了。"村民一面感叹"村情通"的便利，一面感谢妇联主席。

"村情通"不仅让在外的村民能够远程办理"村内的事"，也是村民了解村外信息的桥梁。村民童女士就通过"村情通"走向了外面的世界。

她40多岁了，一直在家做家庭主妇，如今儿子已工作，就有了出门找点事做的心思。去年8月，她闲来无事浏览"村情通"里的务工信息，突然注意到一则县城某家烧烤店的招聘信息。"年龄、工作时间我都符合条件，没有技术方面要求，工资也不错。"她有些心动。之前由于她缺少工作经验和技术，很难找到符合条件的岗位，网上的招聘信息鱼龙混杂，又担心被骗，这事就搁置了。

"'村情通'上的信息总该可靠吧?!"考虑了很久，谨慎的童女士专门向网格员求证，"这消息真实吗?"网格员听后，立即鼓励她试试，"如果不放心的话可以打电话再咨询咨询，我们帮你分析。"这才打消了她的疑虑。得到对方符合条件的答复后，兴奋地去县城面试了。没过多久，就得到了人生的第一份工作，"多亏了有'村情通'!"她总是感谢网格员。

不管在村里还是村外、生活方方面面都能感受到"村情通"的"魅力"，无怪乎村民们对其态度的转变了。现在真武山下村的"村情通"信息发布量等各项指标均在乡镇里排前列。

故事 14：一条信息 2000 元

若不是几个月前随意瞄了一眼手机上的那条信息，吴女士可能后悔得要拍大腿了。

她今年 54 岁，石佛村人，这两年一直在杭州、宁波一带打工。去年，有了大孙子，她舍不得孩子，再加上也没人帮忙带，她干脆就不出去了。就是那时，听隔壁几个妇女说起"村情通"，她有些好奇就凑上前问了几句，后来便也顺手装上了。

其实，有那么一段时间，"村情通"在她的手机里只是静静地存在着，并无其他作用。直到后来听人说，村里的管理员会把村里什么时候放什么电影、什么时候有什么人来上烹饪课、哪里要招什么人等等有用的信息发布在这里，她才偶尔点进去瞧一瞧。

"这就是我编辑这些动态希望达到的目的呢！"村专职网格员习惯每天去县级各官方网站和公众号"扫"信息，譬如哪有招工信息、哪项便民服务有所改变，就连每月三次的电影下乡活动，都会提早与放映队联系，确认放映的影片后，将片名提早发布到"村情动态"中。在她看来，"村情通"完成承担并升级了当初村里的"大喇叭"功能，这些有用的信息能吸引人气，也确确实实能帮助到有需要的村民。

如今回想起来，这话仿佛就是针对吴女士说的一样。去年10月，网格员在"村情通"的"村情动态"里发布了保险投保的通知，具体内容就是关于女性"两癌"保险的，保金50元，政府补贴20元，自己只要出30元便可。收到这个通知后，她拍了一张照片，将相关的明细上传到"村情动态"里，并编辑了一段话，呼吁广大妇女来参保。这条信息发出去没几天，吴女士便在"村情通"里看到了，想着反正就二三十块钱，也参了保。

真是天有不测风云，就在今年年初的体检中，吴女士被查出患有子宫肌瘤，医生建议她马上手术。"真没想到这笔钱还能用上!"粗粗算了一笔账,除去农村医疗保险的报销,再加上保险的2000元,她自己也没付多少钱。"一条信息值2000元哩!"出院后,吴女士逢人就说这事。"那些发布的实用信息是要点进去读一读看一看,说不定它还能帮人找到合适的工作。"如今,吴女士竟成了村里的"村情通"推广员。

故事15:"我回老家办民宿"

农历新年前,27岁的邱小姐辞去了在县城的工作,回到乡下帮助51岁的母亲经营民宿。"通过'村情通',看到我们村不断有游客来玩,旅游业的大好前景与对家乡的深深思念促使我回到这里。"

邱小姐的家就在溪毛线边上,"这没有人经营民宿,经营民宿再适合不过。"女儿了解了母亲的想法后,觉得自己在外打工也没多少收入,不如干脆回家,自己当老板。

母亲在家务农,经常听到游客们因无处歇脚、无处吃饭而苦恼"又要开车去溪口,好累啊""要是这里就有地方吃饭多好啊""这么好山好水,就没有农家乐吗"……她把这些话记在心里,不止一次对女儿提起。

一开始,邱小姐不以为然,虽然老家环境好,但自己最初就是从这片穷山村走出来的。和她一样走出去打工的年轻人占了绝大多数,不就图城里收入高吗?

偶然的一次机会,她打开"村情通",看到自己村里发布了不少乡村旅游的照片，才想起了母亲三番五次跟自己提出的想法。"看来，还真的有不少人去我老家玩。"于是有些动心了，加上心里对家乡的深深思念，终于促成了她辞职回家，帮助母亲经营民宿。

"我家有这个条件，在房子原有的基础上装修改造就可以了，地段也非常好。"邱小姐说。于是，母女俩一条心，以母亲的名字命名民宿。目前，这家民宿正在如火如荼地装修中。

故事16：钱某的轮椅

故事发生在2017年9月的一天，兰塘村的网格员在日常工作中来到了一因患小儿麻痹症致腿部残疾人家中，得知他想要一张轮椅。看似简单的诉求对于行动不便的人来说实则困难重重，于是灵机一动，用"村情通"为他成功申领了一把轮椅，免去了不少麻烦。

当天，网格员一边听着行动不便的残疾人士诉苦：自己行动不便，想要一把轮椅，正准备动身去县城申领。此时心里开始琢磨：这个"村情通"里面不是就有很多网上办事的模块吗？不知道残联那边能不能通过"村情通"完成轮椅的申领工作呢？

网格员把这一想法透露给了正在发愁的他："我们可以通过'村情通'，网上申领，不必跑腿。"他听了皱起了眉头，还是有些质疑："我这人亲自去，都不一定那么顺利的事儿，光靠动一动手机，能成吗？靠谱吗？"他反问道。"不成反正你也不吃亏，何不试一试呢？不行，我再想别的办法帮你领嘛。"网格员说。

一合计，那就试一试吧。就这样，抱着试一试的心态，完成了"村情通"手机上的申领操作。"其实没过几天，我已经把这件事儿忘了，但是，在一个月后的一天，残联工作人员突然把轮椅送到了我家中。当时的我才突然想起'村情通'的事情。"

故事 17：小雷的新希望

4 月 26 日，阳光明媚，蒲山村小雷家，12 岁的他正趴在桌上认真地写作业。但仔细看去，他其实比同龄人"小"了很多。

小雷的"小"，源于生长激素缺乏导致骨龄偏小 4 岁。2016 年 2 月，医生告知可以通过赛增水剂或粉剂治疗，一天一针，一个月 30 针，大概就要 2000 块钱。为了减轻负担，小雷父母便联系了一家慈善机构，并争取到了一年免费提供一次治疗的机会，前提是将具体情况以文字形式编辑好后，集赞量达到一定标准。然而，小雷一家是广西人，因为地域语言的关系，与当地的村民也就少了一些熟络，所以要在短时间内获得700 的点赞数，对于他们来说并不十分容易。

"大事不出村，小事不出门。"村里的网格员对村里的大小事情最清楚不过。对于小雷这样的特殊情况，更是十分关注。为了帮助他获得更多点赞数，网格员便将这条信息发在了"村情通"上，当天，浏览这条信息的人数就达到了200多人，而不到三天时间，集赞量就已突破700。如今，通过"村情通"的宣传，小雷已经连续三年争取到了免费治疗的机会。从当初的1.1米长至1.3米，这当中，成长的不仅仅是小雷的身体，还有"村情通"在村民心中的温度。

"就像一本'万事通'，'村情通'掌握着所有的村情民情、意愿诉求。"网格员说，现在"村情通"功能越来越完善，除了发布宣传信息，开展互帮互爱互助活动，通过"村情通"发现问题、督促干部及时解决问题，也已然成为了当下乡村治理的新常态。

故事18：热心网格员邓女士

4月27日，工作日的村路上几乎看不到人，在一条近30度的陡坡上，一个满头花白的老妪佝偻着身躯，正卖力地拖拽着一袋齐腰高的竹笋。这时，一个健壮丰腴的身影从小巷中闪出，看到此景，二话不说，"抢过"老妪手中的竹笋，"赖大娘，您这一把年纪了还干体力活呀。来，我来帮你搬回家去。"

这个热心身影就是"村情通"网格员邓女士，这天她正在村里巡查卫生保洁工作。讲起那一幕，邓女士爽朗地说："本来就是乡里乡亲，出手帮一把，这非常正常，这不正巧被我赶上了嘛。我们村大家可是都非常热情有爱的哟！"

热心的邓女士平日里就非常"爱管闲事"，也帮了许多村民的忙，"今年我们村有位低保户老人得了癌症去世，还是我帮他争取到保险金的呢！"类似的情况，当时邓女士也是在村里巡查，看到有户人家正在办丧事，多一个心眼的她立马想起这户人家是一户低保户，于是就多处打听询问低保户大病去世后会有什么样的经济补助。得到好消息后的她又忙前忙后，找去世老人的子女签字，去人民医院找老人的死亡证明，一应手续全部理顺后，终于帮老人争取到了相应的保险金。"当我把钱送到老人老伴手里时，老人家感动坏了，一个劲地握着我的手说'谢谢'。"邓女士回忆起当时的情景，由衷地说，"我们'村情通'管理员，不能只看着村民发来的意见，也要自己去百姓家里找活干，这样才能把服务提前啊！"

故事 19：六旬大伯的幸福管理员生活

峰塘山村的文书，也许是曾经四十余年每天都和数字打交道的缘故，他并不像很多农村大伯那样健谈，唯有说起他的那部"手机"，似乎才能自然轻松地打开话匣子。过了农历新年，正好迎来一甲子，他自己都想不到，活到这般岁数了，竟也成了"手机控"。

每天早上，他第一件事就是习惯性地拿起手机点开"村情通"；到了村委会办公大楼，电瓶车刚停好，又忍不住从口袋里掏出手机刷一刷；吃完饭后，又打开手机了……老伴很不理解，为何从去年开始，家里老头子怎么也得了年轻人得的"手机控"毛病。"这不仅是一部手机，装了'村情通'，里头的学问多着呢！"每每此时，他定会极力纠正。

想当初为了能顺利地成为"手机控"，他还真没少做功课呢。他是村里为数不多的高中生，自 19 岁就成了村里的会计，五六年前，见年轻人都用上了电脑，便跃跃欲试。为了学五笔打字，他开始背字根，对于有些经常忘记的，就记在本子上；经常忘记步骤的，就反复操作。就这样，花了大半年时间，终于学会了用电脑。对于新事物，他愿意尝试。"村情通"亦是如此。

该村共有 11 个自然村，村里要下个通知或者办点事，走路肯定不行。他仔细了解过了，这个东西装在手机上后，无论自己办事诸如报账、财务公开等村务便捷了，给村民办事也少跑腿了。而且，村里三分之一的壮年都在外打工，留守在村里的多为老人和孩子，要是他学会使用，就是给其他同龄人带了一个头，也有助于"村情通"的推广哩……想到这些，他在学会了电脑后又学上了"村情通"，还主动"应聘"了网格员。

和以前学电脑一样，"小笔记本"是必不可缺的，安装了"村情通"后，他就反复操作和练习，遇到经常忘记的点，就会在本子上列出详细步骤，他清楚，只有他学会了，才能有能力去教那些大哥大姐。都说熟能生巧，他每天抱着手机，确实效果不错。不久后，大伙见他都学会了，再经他反复做做工作，许多人也都愿意尝试。譬如55岁的一村民，听他说了"村情通"的用途后，也学起来了。前一天，他教会该村民如何进入系统，打开"村民信箱"反映情况，谁知第二天，对方又上门来讨教了，紧接着过两天又来了，反复五六次后，对方都觉得不好意思了。好在他很耐心，作为过来人，把自己的方法和乡亲分享。几个月过去了，该村民终于也学会了。在他看来，农村里像他们这般年龄的人应该也是"村情通"的"重要用户"，因为这部分的子女多在外地工作，许多村庄事务要靠他们来参与，学会用"村情通"表达意向和办事的需求和概率其实更高。所以，他的愿望是教会更多的留守爷爷奶奶用"村情通"。

如今，他自己已把"村情通"用得"很溜"了，但一直很谦虚地说，还得学习。"'村情通'的系统一直在调整升级，不学习就要被淘汰了。"去年，他用"村情通"给外地打工的乡亲取消老农保，一年下来足足帮助了一两百人。众人都说，有了"村情通"和村文书，办事都不用跑腿了。

得到这些赞许，他只会嘿嘿一笑。越多的人说"村情通"的好处，他就越希望自己成为一名好"老师"，教会更多的人使用"村情通"。

故事 20：网格员的社交"新工具"

张女士在村口开了家小卖部，同时还兼职代理农村"淘宝"业务，去年光卖板栗就帮村民们增收了一万多元。自从去年竞聘成为村里的专职网格员后，她的生活更加充实了，既要经营小卖部和农村淘宝，又要不定时对村内进行巡查，同时还要及时回复处理"村情通"内村民反映的问题。"现在每家每户都要去走走，跟村民们的关系拉近了。"她笑着说，"每天在村里巡查，很多人都会主动招呼我，家里有点什么好吃的都会让我尝个鲜。"

该村户籍人口仅仅100余人，村里的年轻人大多都外出打工了。"我们这个小村子里大部分都是留守的老人小孩。"据她介绍，"很多老人身体不舒服了都不知道怎么去正确处理，所以每次巡查我都要进门确认下。"前几天就有这样一件事情让她感到专职网格员这份工作很有意义。这是4月21日，像平常一样巡查，当走到一村民家中时发现该户老人由于身体不适正在卧床休息，她发现该村民脸色苍白，询问得知该村民患有高血压等病便回家拿了自用的高血压仪器为其测量，发现血压很高，需要及时去医院治疗。随后，她联系上该村民在县城上班的女儿，当天下午就把其送到县人民医院进行治疗，事后他女儿还特地打来电话表示感谢。"虽然事情很小，但是能实实在在地帮到别人我就觉得这个工作很有意义了。"张女士笑着说。

后　记

习近平总书记在十八届中央政治局第三十六次集体学习时指出，"随着互联网特别是移动互联网发展，社会治理模式正在从单向管理转向双向互动，从线下转向线上线下融合，从单纯的政府监管向更加注重社会协同治理转变……要强化互联网思维，利用互联网扁平化、交互式、快捷性优势，推进政府决策科学化、社会治理精准化、公共服务高效化，用信息化手段更好感知社会态势、畅通沟通渠道、辅助决策施政。"乡村是社会治理的重要场域，如何有效运用互联网实现乡村治理模式的转型，是各级党委和政府高度关注的一个议题。

2016年诞育于浙江省龙游县张王村的"村情通"，由一个村的探索逐步覆盖到全县262个行政村，每户至少有1人关注，打通了基层治理与服务的"最后一公里"，真正实现了"最多跑一次"改革向村的延伸，探索出一条共建共治共享的乡村治理新路径，使自治、法治、德治不仅在乡村"熟人社会"而且在互联网平台的"陌生人社会"得以有机结合。可以说，"村情通"是新时代乡村治理的新模式，是推进乡村治理现代化的一个有效抓手，是"枫桥经验"在新时代的坚持和发展。

"村情通"是浙江乡村治理现代化的缩影。作为习近平新时代中国特色社会主义思想的重要萌发地，浙江创造了诸如"后陈经验""三治结合""三社联动""民主恳谈""五议两公开""村民说事"以及领导下访制度、村民票决制、村级小微权力清单制度等基层治理新经验，为优化中国特色社会主义社会治理体系贡献了浙江智慧。

本书是集体劳动的成果。笔者负责书稿大纲的拟定、文稿的修改、统筹。各章的初期写作分工如下：第一章（祝帅、刘恩聪、杨巧珍），第二章（胡剑明、施歆科、吴旭东、程丹），第三章（张永祥、胡炜鹏、华鑫灵），第四章（余浏娟、潘建强、吴安春、欧阳锡龙、汪霄旻、杨梦怡），第五章（金敏军、欧阳锡龙、邱宽），第六章（余东、李慧、方辰、毛庭龙），第七章（祝帅、蒋建波、钟宏亮），附录采访资料（邵美霞、王曙静、蓝丹玉、胡琳芬、吴晓龙、吴森邦、方均良），文中案例（姜贤帅、罗意、洪纲、江一帆、姚菲、徐月、傅媛）。书稿前后历经数十次修改打磨。尽管经过反复讨论和修改，但不足之处在所难免，恳请读者批评指正。

感谢中央党校组织部和科社部领导对本书的悉心指导！感谢龙游县领导刘根宏、张晓峰、张少华、程立衡、徐宾等对本书的大力支持！感谢人民出版社茅友生编辑为本书所作的认真细致的出版工作！

康晓强

2018 年 7 月于龙游